BRICS : L'Émergence d'un Nouvel Ordre Mondial

Une Analyse Approfondie des Cinq Puissances Émergentes - Brésil, Russie, Inde, Chine et Afrique du Sud - et Leur Impact sur l'Avenir Mondial

François Mondial

1. **Introduction aux BRICS** • Définition et histoire des BRICS (Brésil, Russie, Inde, Chine, Afrique du Sud).

2. **Économie des BRICS** • Analyse des économies de chaque membre et leur impact global.

3. **Politique des BRICS** • Examen des politiques internes et externes des pays BRICS.

4. **Relations Internationales** • Analyse des relations entre les BRICS et d'autres acteurs mondiaux.

5. **Nouvel Ordre Mondial** • Définition et concepts clés du nouvel ordre mondial.

6. **Impact des BRICS sur le Nouvel Ordre Mondial** • Comment les BRICS façonnent le nouvel ordre mondial.

7. **Technologie et Innovation** • Rôle des BRICS dans le développement technologique et l'innovation.

8. **Développement Durable** • Politiques et pratiques de développement durable adoptées par les BRICS.

9. **Inégalités et Disparités** • Examen des inégalités et disparités au sein et entre les pays BRICS.

1. Introduction aux BRICS A. Définition et histoire des BRICS (Brésil, Russie, Inde, Chine, Afrique du Sud).

A. Définition Les BRICS représentent une association de cinq grandes économies émergentes à l'échelle mondiale : le Brésil, la Russie, l'Inde, la Chine et l'Afrique du Sud. L'acronyme "BRICS" est dérivé des initiales de ces pays. La coopération entre les membres des BRICS se concentre sur divers domaines, notamment le développement économique, la politique, la diplomatie et les questions de sécurité.

B. Histoire

- Premières années et formation :

    - La coopération initiale était centrée sur quatre pays (Brésil, Russie, Inde et Chine) avant l'adhésion de l'Afrique du Sud en 2010.

    - L'idée d'une association entre de grandes économies émergentes a été formulée pour la première fois en 2001 par l'économiste Jim O'Neill, qui a inventé l'acronyme "BRIC" (avant l'inclusion de l'Afrique du Sud).

- Développement des BRICS :

- Depuis la première réunion des ministres des Finances en Allemagne en 2006, les pays ont reconnu l'importance d'une coopération constructive.

  - La première réunion au sommet des BRIC s'est tenue à Iekaterinbourg, en Russie, en 2009, marquant une étape clé dans la formalisation de la collaboration entre les pays.

- Adhésion de l'Afrique du Sud :

  - En 2010, l'Afrique du Sud a été invitée à rejoindre le groupe, et l'acronyme a été modifié de "BRIC" à "BRICS".

  - L'inclusion de l'Afrique du Sud a introduit une nouvelle dynamique au sein du groupe et a élargi son impact et sa portée, en particulier en ce qui concerne l'Afrique et les pays en développement.

C. Évolution

- Coopération économique :

  - Les BRICS ont travaillé à promouvoir la croissance économique et le développement durable parmi les pays membres et à l'échelle mondiale.

- Plateforme politique et diplomatique :

  - En plus de la coopération économique, les BRICS ont offert une plateforme pour la discussion et la coopération sur des questions politiques et diplomatiques.

- Influence mondiale :

  - Au fil du temps, les BRICS ont élargi leur champ d'action, ayant un impact significatif sur les dynamiques mondiales, grâce également à leur influence économique et politique croissante.

- Défis et critiques :

  - Les BRICS, bien qu'étant un puissant bloc économique, font face à divers défis et critiques, notamment des inégalités internes, des divergences politiques et des différences en termes d'objectifs et de méthodologies.

D. Objectifs

- Renforcer la coopération :

  - L'objectif principal des BRICS est de renforcer la coopération entre les pays membres et de faire front commun sur les questions mondiales.

- Promouvoir le développement :

    - Les BRICS visent à promouvoir le développement économique et social tant au niveau national qu'international.

- Équité dans le système mondial :

    - Travailler en vue d'un ordre mondial plus équitable et représentatif, remettant en question l'ordre existant et proposant de nouvelles dynamiques et structures.

Introduction aux BRICS : Approfondissements et Autres Aspects Dimensions Géostratégiques
Les BRICS ne sont pas seulement un bloc économique influent, ils occupent également une position géostratégique importante dans le monde. Leur emplacement géographique et leurs sphères d'influence régionale ont un impact significatif sur les équilibres politiques et économiques mondiaux. Par exemple, la Chine est un acteur clé en Asie-Pacifique, tandis que le Brésil occupe une position importante en Amérique latine. Chaque membre apporte donc non seulement le poids de son économie, mais aussi ses relations régionales et ses alliances stratégiques.

Facettes Culturelles La diversité culturelle entre le Brésil, la Russie, l'Inde, la Chine et l'Afrique du Sud est remarquable et se manifeste à travers la langue, la religion, les traditions et les normes sociales. Cette diversité culturelle influence la diplomatie et les décisions politiques au sein du bloc, générant des dynamiques intéressantes et complexes. La variété et la richesse des cultures représentent à la fois un défi et une opportunité pour la coopération entre les membres des BRICS.

Divergences Politiques

- Malgré la cohésion dans certains domaines, il existe d'importantes divergences politiques entre les pays des BRICS, qui se manifestent en termes de gouvernance interne, de politique étrangère et d'idéologies politiques. Par exemple, tandis que l'Inde est la plus grande démocratie du monde, la Chine est dirigée par un seul parti. Ces différences peuvent influencer la cohésion du groupe et sa capacité à se présenter comme une entité unie sur les questions internationales.

Ressources Naturelles et Environnement

- Les BRICS disposent de ressources naturelles abondantes, notamment le pétrole, le gaz naturel, les minéraux et la biodiversité. L'utilisation et la gestion de ces ressources sont cruciales à la fois pour les économies nationales et pour l'équilibre écologique mondial. L'approche de la gestion des ressources et de l'environnement est un autre aspect qui peut à la fois unir et diviser les membres des BRICS, compte tenu de leurs

besoins, priorités et défis environnementaux
divers.

Dynamiques Démographiques

- Les dynamiques démographiques dans les pays
  des BRICS sont également d'un grand intérêt.
  Par exemple, l'Inde et le Brésil ont une
  population relativement jeune, tandis que la
  Chine fait face au vieillissement démographique.
  Ces dynamiques influencent la main-d'œuvre, la
  productivité, les marchés de consommation et les
  politiques sociales, et représentent donc un
  facteur important qui façonne les stratégies
  nationales et internes de chaque pays.

Recherche et Développement (R&D)

- Les BRICS sont activement engagés dans la
  recherche et le développement. La Chine, en
  particulier, a réalisé d'importants
  investissements dans des secteurs tels que
  l'intelligence artificielle et la technologie 5G.
  L'accent mis sur la R&D peut constituer une
  plateforme de collaboration au sein des BRICS,
  où le partage de connaissances et l'innovation
  peuvent ouvrir la voie à des solutions communes
  à des problèmes communs.

Sécurité Collective

- Le concept de sécurité collective a pris de l'importance dans les discussions au sein des BRICS, qui cherchent à naviguer à travers les défis de la sécurité mondiale tout en maintenant un équilibre entre l'autonomie nationale et la coopération multilatérale. Les membres des BRICS collaborent sur diverses questions de sécurité, tout en faisant preuve de prudence pour préserver leur souveraineté et leur autonomie décisionnelle.

Éducation et Compétences

- L'éducation et le développement des compétences sont essentiels pour soutenir la croissance économique et l'innovation. Chaque pays BRICS a ses propres défis et objectifs dans ce domaine, allant de l'éducation de base à la formation avancée et au développement des compétences du XXIe siècle.

Investissements et Flux Financiers

- Les BRICS jouent un rôle essentiel dans le paysage financier mondial. Les flux financiers et les investissements directs étrangers vers et depuis les pays BRICS sont devenus un élément clé du soutien à la croissance économique mondiale. La Banque des BRICS, formellement

connue sous le nom de Nouvelle Banque de
Développement (NDB), est un exemple notable
de la manière dont ces pays cherchent à
construire des institutions parallèles reflétant et
soutenant leurs aspirations et priorités de
développement.

Questions Juridiques et Réglementaires

- Les questions juridiques et réglementaires dans
  les pays BRICS sont variées et influencent
  l'environnement des affaires et des
  investissements. Les différences en matière de
  réglementation, de normes, de politiques de
  marché et de lois du travail sont des thèmes
  importants qui nécessitent une étude attentive
  pour quiconque souhaite comprendre le
  fonctionnement interne et les dynamiques des
  BRICS, à la fois individuellement et en tant que
  bloc.

Dynamiques du Marché du Travail

- Le marché du travail dans les pays BRICS est un
  autre domaine qui mérite un examen détaillé. Par
  exemple, tandis que l'Inde et le Brésil font face à
  des défis liés à une main-d'œuvre en croissance
  et à la nécessité de créer de nouvelles
  opportunités d'emploi, la Russie et la Chine
  naviguent à travers des changements

démographiques et un vieillissement de la
population active.

Santé Publique

- Le secteur de la santé publique dans les pays
  BRICS est un autre terrain propice à la recherche
  et à l'analyse, en particulier à la lumière des défis
  survenus lors de la pandémie de COVID-19. Les
  différentes façons dont chaque pays a géré la
  crise sanitaire, ses réponses aux vaccins et ses
  stratégies de distribution offrent des perspectives
  intéressantes sur les priorités nationales et la
  capacité à gérer les situations d'urgence.

Relations avec d'Autres Blocs Économiques

- L'interaction des BRICS avec d'autres blocs
  économiques et politiques, tels que l'Union
  européenne, l'ASEAN ou le G7, est un autre
  aspect qui peut être examiné pour comprendre
  comment ces dynamiques influencent la
  géopolitique mondiale et la coopération
  internationale. Cela inclut également les alliances
  stratégiques, les tensions et les collaborations
  avec d'autres économies émergentes et nations
  développées.

Tourisme et Échanges Culturels

- Le tourisme et les échanges culturels entre les pays BRICS et le reste du monde offrent un terrain riche pour explorer comment la culture, l'art et les traditions sont partagés et célébrés. Chacun des pays BRICS possède un patrimoine culturel unique et un paysage touristique distinctif qui peut servir de pont pour renforcer les liens et promouvoir la compréhension mutuelle.

Relations Diplomatiques Complexes

- Bien que les BRICS en tant qu'entité partagent certains objectifs communs, les relations bilatérales entre les membres sont caractérisées par des complexités et des nuances diverses. Par exemple, les relations entre l'Inde et la Chine sont imprégnées de défis et d'opportunités, qui coexistent avec les objectifs communs poursuivis au sein du forum des BRICS.

Infrastructures et Projets de Développement

- Le rôle des BRICS dans le développement des infrastructures - tant au niveau national que dans les pays tiers, en particulier à travers des initiatives telles que l'Initiative Ceinture et Route (BRI) de la Chine - est un autre facteur qui peut être examiné pour comprendre comment ces pays cherchent à étendre leur influence et à promouvoir la connectivité.

Changement Climatique et Durabilité

- La position des BRICS à l'égard du changement climatique et de la durabilité, ainsi que leurs politiques nationales respectives et leurs engagements internationaux en matière d'environnement, méritent une analyse approfondie pour comprendre les stratégies et les priorités de ces pays dans un contexte mondial.

**Poursuivre l'exploration de chacun de ces aspects offrirait une vue à 360 degrés des BRICS, permettant d'explorer les dynamiques internes et externes qui façonnent ce bloc économique et politique influent. En outre, examiner comment ces thèmes sont entrelacés et s'influencent mutuellement fournira une compréhension encore plus approfondie des défis et des opportunités qui émergent des interactions entre le Brésil, la Russie, l'Inde, la Chine et l'Afrique du Sud.

Économies Numériques et Cybersécurité

- L'évolution des économies numériques dans les pays BRICS révèle une gamme de dynamiques qui influencent à la fois le développement interne et les relations extérieures. Alors que la Chine est un géant de la technologie numérique et du commerce électronique, les autres pays BRICS explorent également et mettent en œuvre des avancées dans le domaine numérique. Parallèlement, les questions de cybersécurité, de

protection des données et de vie privée
deviennent cruciales, en particulier compte tenu
des différentes positions et politiques adoptées
par chaque pays en ce qui concerne la
cybernétique et la numérisation.

Droits de l'Homme et Questions Sociales

- Les questions relatives aux droits de l'homme et
  aux questions sociales dans les pays BRICS
  offrent un autre domaine de recherche. Chaque
  pays connaît des défis spécifiques en matière de
  droits civils, d'égalité des sexes, de droits des
  travailleurs et d'inclusion sociale, qui peuvent
  influencer à la fois la politique intérieure et la
  perception et les relations internationales.

Agro-industrie et Sécurité Alimentaire

- L'agro-industrie et la sécurité alimentaire sont
  d'autres aspects vitaux à explorer. Étant donné
  que les pays BRICS jouent un rôle important
  dans la production alimentaire mondiale,
  comprendre comment ils gèrent la production, la
  distribution et la sécurité alimentaire, non
  seulement pour leurs propres citoyens, mais
  aussi dans une perspective de marché mondial,
  est fondamental.

Militarisation et Défense

- L'analyse des programmes de militarisation et des stratégies de défense des pays BRICS ouvre une fenêtre sur les dynamiques de pouvoir et de sécurité. Chaque membre a sa propre perception des menaces, des objectifs de défense et des alliances militaires, qui contribuent à former un réseau complexe de coopération et parfois de tension au sein du bloc.

Migration et Mobilité

- Les phénomènes de migration et la mobilité de la main-d'œuvre entre et au sein des pays BRICS sont tout aussi importants. De l'Inde et de la Chine, connues pour leur importante diaspora mondiale, au Brésil et à l'Afrique du Sud, qui font face à des questions de migration interne et régionale, explorer comment la mobilité des personnes influence l'économie et la société devient pertinent.

Religion et Identité Nationale

- Les questions de religion et d'identité nationale, et comment elles sont liées à la politique et à la société dans chaque pays BRICS, représentent un autre domaine d'analyse. La coexistence de différentes religions et croyances et le rôle qu'elles jouent dans la formation des politiques nationales et internationales, ainsi que dans les relations interétatiques, sont des thèmes qui peuvent être soigneusement explorés.

Politiques Énergétiques et Ressources

- Les politiques énergétiques et l'utilisation des ressources dans les pays BRICS, en termes de consommation intérieure et d'exportations, fournissent des indications sur les dynamiques de développement et les modèles de commerce international. L'accès à l'énergie et la gestion des ressources naturelles deviennent des éléments clés dans les négociations internationales et la définition des stratégies de développement durable.

Inégalités Sociales et Économiques

- Les inégalités sociales et économiques au sein des pays BRICS représentent une autre dimension cruciale. Bien que les cinq pays aient connu une croissance économique significative, il existe d'importantes disparités en ce qui concerne la distribution de la richesse, l'accès aux opportunités et le développement humain, qui se reflètent dans différents secteurs de la société et de l'économie.

Soft Power et Culture Populaire

- Enfin, le soft power et la diffusion de la culture populaire des nations BRICS dans le contexte mondial peuvent être examinés pour comprendre comment ces pays exportent leur propre culture et influencent les dynamiques mondiales à travers le cinéma, la musique, l'art et d'autres expressions culturelles.

**Chaque point mentionné ci-dessus peut être développé et exploré plus en profondeur à travers une lentille analytique et critique, cherchant à comprendre non seulement les politiques et les pratiques actuelles, mais aussi comment elles pourraient évoluer à l'avenir et quelles implications elles pourraient avoir tant au niveau national qu'international. De plus, la connexion et l'interaction entre ces différents thèmes offriront une vision holistique et multidimensionnelle des BRICS dans le paysage mondial.

Conclusion du Point : Intrications et Défis des Pays BRICS

- L'intégration et l'analyse de ces différents aspects autour des BRICS dessinent un tableau complexe de pouvoir, d'influences, de défis et d'opportunités sur la scène mondiale. Les BRICS, tout en agissant comme un ensemble de nations émergentes ayant des objectifs communs et des défis similaires, portent avec elles un certain nombre de particularités nationales distinctes qui façonnent souvent leurs interactions à la fois au sein du groupe et à l'échelle mondiale.

**Les économies des BRICS, bien qu'elles aient montré un développement significatif et une influence croissante au cours des dernières décennies, ne sont pas exemptes de défis cruciaux et de contradictions internes. Par exemple, bien qu'elles partagent l'ambition de réformer les institutions financières internationales et d'améliorer leur statut en matière de gouvernance économique mondiale, il existe également des rivalités aiguës, notamment en ce qui concerne le leadership régional et mondial.

**Les problèmes liés aux inégalités économiques et sociales, combinés à divers défis environnementaux, démographiques et relatifs aux droits de l'homme, forment un arrière-plan commun, mais se manifestent de différentes manières dans chaque nation. Chaque pays BRICS a démontré une résilience et une capacité différentes à relever ces défis, souvent en s'inspirant ou en se distinguant des stratégies adoptées par leurs homologues.

**Par exemple, la Chine, avec son économie gigantesque et son approche autoritaire de la gouvernance, présente une série de défis et de stratégies qui sont considérablement différentes de celles de l'Inde, qui, à son tour, a une démocratie pluraliste et une société extrêmement diversifiée. De même, le Brésil, avec ses défis politiques internes et sa richesse en ressources naturelles, et la Russie, avec ses ambitions géopolitiques et son économie axée sur l'énergie, offrent d'autres contrastes et comparaisons utiles au sein du bloc.

**En outre, l'interaction et le dialogue entre les BRICS et les autres acteurs mondiaux, y compris les pays développés et d'autres économies émergentes, façonnent un paysage de relations oscillant entre coopération et concurrence. La dynamique de ces relations est souvent façonnée par une combinaison de facteurs tels que la diplomatie bilatérale, les intérêts économiques, les alliances stratégiques et les questions mondiales telles que les changements climatiques et la gestion des pandémies.

**Ainsi, chaque BRICS représente un sommet individuel au sein d'un réseau plus vaste de relations et de dynamiques mondiales, dont le pouvoir et l'influence sont à la fois renforcés et limités par leurs capacités respectives et par la complexité des défis nationaux et internationaux. Par conséquent, une étude approfondie des BRICS, prenant en compte à la fois les aspirations et les défis communs du groupe et les particularités de chaque membre, peut offrir des aperçus précieux pour comprendre la nature multidimensionnelle du pouvoir et de l'influence dans l'ordre mondial contemporain.

**Explorer ces points d'intersection, où les défis nationaux rencontrent les aspirations et les dynamiques mondiales, offre un aperçu profond des complexités des relations internationales contemporaines et des mécanismes par lesquels les pays BRICS poursuivent leurs intérêts et naviguent dans les eaux souvent tumultueuses de la géopolitique mondiale.

**En résumé, la narration collective et individuelle des BRICS représente un mélange unique de collaboration, de compétition et de recherche continue d'une position plus influente et reconnue dans le système mondial. Cette combinaison de facteurs et de dynamiques contribue à définir et, en même temps, à compliquer la trajectoire future de ces pays clés dans le contexte mondial.

2. Économie des BRICS • Analyse des économies de chaque membre et impact mondial.

Économie des BRICS : Analyse et Impact Mondial

- Les BRICS, composés du Brésil, de la Russie, de l'Inde, de la Chine et de l'Afrique du Sud, représentent une entité économique significative dans le panorama mondial. Ces pays, malgré leurs différences culturelles, politiques et économiques, ont réussi à créer un front commun en développant des collaborations importantes dans le contexte économique mondial. Examinons plus en détail les économies des membres et l'impact mondial du groupe.

Brésil : Agriculture et Ressources

- Le Brésil possède une économie largement alimentée par le secteur agricole et une richesse en ressources naturelles. Il est l'un des plus grands exportateurs mondiaux de soja, de sucre et de café, et possède d'importantes réserves de minerai de fer et de bauxite. Le pays a rencontré d'importants défis, notamment en matière de stabilité économique et de questions sociales telles que l'inégalité. Son influence au sein des BRICS est souvent définie par sa capacité à fournir des produits agricoles et des matières premières.

Russie : Énergie et Pouvoir Mondial

- L'économie russe repose profondément sur ses vastes ressources énergétiques, en particulier le pétrole et le gaz naturel. Elle est l'un des plus grands exportateurs d'énergie au monde, ce qui positionne le pays comme un acteur clé dans l'équilibre énergétique mondial. La Russie a souvent utilisé ses ressources énergétiques comme un outil de politique étrangère, influençant d'autres pays et blocs économiques par le biais de la manipulation des approvisionnements énergétiques.

Inde : Démographie et Services

- L'Inde se caractérise par une démographie unique et un secteur des services en croissance rapide, avec une force particulière dans les technologies de l'information et les logiciels. Avec une population jeune et un vaste marché intérieur, l'Inde est souvent considérée comme un moteur de la croissance économique future. Cependant, des défis tels que l'inégalité économique et les tensions géopolitiques avec ses voisins influencent sa trajectoire économique et politique.

Chine : Fabrication et Influence Mondiale

- La Chine se distingue en tant que "l'usine du monde" avec sa capacité de fabrication gigantesque et son secteur technologique en croissance. L'Initiative Belt and Road et d'autres stratégies d'investissement mondial ont consolidé le rôle de la Chine en tant qu'acteur économique mondial influent. Son économie, cependant, est confrontée à des défis tels que l'augmentation de la dette et les tensions commerciales avec d'autres puissances mondiales.

Afrique du Sud : Minéraux et Défis Sociaux

- L'Afrique du Sud, avec ses abondantes ressources minérales telles que l'or et les diamants, joue un rôle critique dans l'économie mondiale des matières premières. Cependant, le pays est confronté à d'importants défis sociaux et économiques, notamment le chômage, la pauvreté et les inégalités structurelles, enracinés dans son histoire et influençant ses perspectives économiques et la stabilité régionale.

Impact Mondial des BRICS

- L'implication des BRICS à l'échelle mondiale est indéniable. Du pouvoir de négociation dans le commerce international aux investissements directs à l'étranger, en passant par l'influence dans les institutions financières internationales, les BRICS sont un bloc qui ne peut être ignoré. Ils ont cherché à redéfinir les normes et les règles de l'économie mondiale, plaidant en faveur d'une représentation et d'une influence accrues au sein des institutions mondiales telles que le Fonds monétaire international et la Banque mondiale.

Conclusion

- Bien qu'ils soient unis par des objectifs communs, les différences économiques entre les membres des BRICS sont considérables. La compréhension des dynamiques internes de chaque pays et de leurs stratégies d'interaction mondiale est essentielle pour déchiffrer les trajectoires futures du bloc et du système économique mondial dans son ensemble. Une analyse détaillée de chaque économie, en tenant compte des défis et des opportunités offertes par chaque pays, ainsi que des tensions et des collaborations au sein du groupe, offre une perspective essentielle pour toute discussion sur l'avenir de l'économie mondiale et la dynamique du pouvoir international.

- La nature des économies des BRICS et leur impact sur l'ordre économique mondial est une question essentielle pour quiconque souhaite comprendre les dynamiques contemporaines de la géopolitique et de l'économie internationale. L'un des aspects les plus intrigants des BRICS est la diversité de leurs économies et comment cette diversité est à la fois une source de force et un point de friction potentiel au sein du groupe. Les économies des BRICS sont distinctement différentes mais, en même temps, complémentaires. Alors que le Brésil et l'Afrique du Sud sont des puissances agricoles et minières, la Russie est une superpuissance énergétique. Dans le même temps, l'Inde a une économie où le secteur des services, en particulier les technologies de l'information et les services connexes, domine, tandis que la Chine est une puissance manufacturière à l'échelle mondiale. Cette combinaison de compétences et de focalisations économiques permet potentiellement aux BRICS d'agir comme un bloc économique global, capable de s'auto-soutenir à un certain niveau, tout en étant bien intégré dans l'économie mondiale.

Cependant, il est essentiel de noter qu'il existe des disparités économiques et de développement significatives entre les membres des BRICS. Alors que la Chine a connu une trajectoire de croissance incroyable et est maintenant l'une des plus grandes économies du monde, d'autres pays comme le Brésil et l'Afrique du Sud ont rencontré d'importants défis en termes de croissance économique et de développement durable. De plus, tandis que l'Inde a l'une des populations les plus jeunes du monde, ce qui pourrait potentiellement se traduire par un dividende démographique, la Russie fait face à un vieillissement de la population, ce qui pourrait avoir des implications significatives pour sa croissance économique future et la durabilité de son modèle de protection sociale.

La question des disparités internes au sein des BRICS est également pertinente lorsque l'on considère la répartition de la richesse au sein de ces pays. Par exemple, la Chine, malgré sa croissance économique impressionnante, fait face à d'importantes défis en matière d'inégalité des revenus et de répartition de la richesse. De même, l'Inde a l'une des répartitions de richesse les plus inégales au monde, avec une partie significative de sa population vivant encore dans une extrême pauvreté.

Ces facteurs internes, combinés aux défis externes et à l'environnement économique mondial, sont cruciaux pour comprendre la trajectoire et les perspectives futures des économies des BRICS. Par exemple, les tensions commerciales entre la Chine et les États-Unis ont non seulement des implications directes pour l'économie chinoise, mais, compte tenu de la nature interconnectée des économies mondiales, elles ont des effets d'entraînement qui influencent tous les membres des BRICS et au-delà.

En termes de gouvernance économique mondiale, les BRICS ont cherché à défier et à réformer les institutions économiques existantes en promouvant une plus grande inclusivité et représentation pour les pays en développement. La création de la Nouvelle

Banque de Développement BRICS en est un exemple, visant à fournir une alternative aux institutions de Bretton Woods et à promouvoir des modèles de développement et de financement plus alignés sur les besoins et les priorités des pays en développement.

Chacun des membres des BRICS, ayant des défis économiques uniques et des aspirations globales spécifiques, apporte à la table une série d'attentes et d'objectifs qu'ils cherchent à naviguer à travers la coopération au sein des BRICS et les interactions avec l'économie mondiale. L'interaction entre la compétitivité et la coopération, à la fois au sein du bloc et entre les BRICS et d'autres acteurs économiques clés, définira de manière significative le futur paysage économique mondial.

Dans un scénario où le multilatéralisme est sous tension et le protectionnisme gagne du terrain dans différentes parties du monde, les BRICS représentent un mélange intéressant de coopération sud-sud et de montée des pays émergents cherchant une place à la table des décisions économiques mondiales. Leur capacité à négocier en tant que bloc et à proposer des alternatives au système économique mondial existant sera essentielle pour comprendre et anticiper les futures dynamiques de l'économie mondiale.

Dans le réseau complexe des économies des BRICS, observer les méthodes adoptées pour faire face aux défis économiques et exploiter les opportunités devient un voyage essentiel à travers diverses stratégies et modèles économiques. L'entrelacement des politiques monétaires, fiscales et commerciales, ainsi que les trajectoires de croissance et de développement spécifiques, offrent un tableau d'exemples sur la manière dont les États émergents s'adaptent et répondent aux pressions et aux défis de l'environnement économique mondial.

Les membres des BRICS, bien qu'ils aient construit un certain degré de solidarité en tant que groupe, manifestent également diverses formes de rivalités et de conflits économiques. Par exemple, la concurrence entre l'Inde et la Chine dans divers secteurs, y compris la technologie et l'accès aux marchés mondiaux, a créé une dynamique qui est à la fois de coopération et de compétitivité. Les tensions politiques et militaires, en particulier le long de leurs frontières communes, ont encore compliqué la relation économique, influençant le commerce bilatéral et les investissements directs étrangers.

De même, le Brésil et la Chine, bien qu'ils soient des partenaires commerciaux importants, sont également rivaux sur certains marchés d'exportation, tels que ceux en Amérique latine et en Afrique, où tous deux cherchent à étendre leur influence économique et politique. La nature de ces interactions illustre comment les alliances économiques, telles que les

BRICS, sont capables d'accueillir simultanément des éléments de coopération et de compétition entre leurs membres.

Les questions liées à la dette sont un autre aspect fondamental à explorer dans les économies des BRICS. Alors que certains membres comme la Chine ont accumulé d'importantes réserves de devises étrangères, d'autres comme le Brésil ont fait face à des défis liés à la dette extérieure et à la dépendance à l'importation. L'Afrique du Sud, pour sa part, a lutté avec des problèmes liés à la dette publique et à la croissance stagnante, qui ont été encore compliqués par l'impact économique de la pandémie de COVID-19.

Les relations des BRICS avec les nations en dehors du groupe constituent un autre filon vital de discussion. Alors qu'ils cherchent à coordonner leurs politiques et projets économiques, les BRICS interagissent également activement avec des nations non membres des BRICS, à la fois bilatéralement et à travers des forums multilatéraux. L'approche adoptée par les BRICS envers d'autres nations économiquement puissantes, telles que les États-Unis, l'Union européenne et le Japon, ainsi qu'envers d'autres pays en développement en Asie, en Afrique et en Amérique latine, a une influence significative sur les flux commerciaux mondiaux, les schémas d'investissement et les dynamiques de la géopolitique économique.

La manière dont les BRICS se positionnent au sein des chaînes de valeur mondiales est une autre dimension pertinente pour comprendre leurs économies. La Chine, par exemple, est fortement intégrée dans les chaînes de valeur mondiales, devenant un point nodal pour la production et l'exportation de biens manufacturés. L'Inde, en revanche, a cherché à augmenter sa participation dans les chaînes de valeur mondiales, en particulier dans le secteur des services, mais a été entravée par divers défis, notamment la nécessité de réformes dans la fabrication et les infrastructures.

Le dialogue en cours sur le changement climatique et la durabilité a également des implications importantes pour les économies des BRICS, qui ont été contraintes de concilier la nécessité de la croissance économique avec la pression mondiale pour adopter des pratiques plus durables et réduire les émissions de carbone. La transition vers une économie verte représente un défi supplémentaire, étant donné la dépendance de certains membres des BRICS aux exportations de ressources naturelles et à la production intensive d'énergie.

La multidimensionnalité des économies des BRICS, avec leurs diverses facettes de collaboration et de compétition, non seulement au sein du groupe mais aussi dans un contexte mondial plus large, reflète la complexité de leurs interactions économiques et leur impact sur l'architecture économique mondiale. Les scénarios futurs dépendront de la manière dont ces pays parviennent à naviguer à travers leurs divergences internes, tout en construisant en même temps un front uni dans les négociations économiques mondiales, et de la façon dont ils réagissent et s'adaptent aux dynamiques et aux défis changeants de l'économie mondiale.

Les économies des BRICS, bien qu'elles soient imprégnées de dynamisme et de résilience, ne sont pas à l'abri de vulnérabilités, qui se manifestent de différentes manières et dans différents secteurs. En ce qui concerne les devises, leur stabilité et leur force sur les marchés financiers mondiaux ont fait l'objet d'analyses et de discussions. La Roupie indienne et le Rand sud-africain, par exemple, ont montré une volatilité significative par rapport au dollar américain et à d'autres devises fortes, tandis que le Rouble russe a connu des périodes d'instabilité en partie en raison de facteurs géopolitiques et de fluctuations des prix de l'énergie.

De plus, le secteur technologique, qui représente une part vitale et croissante de l'économie mondiale, comporte divers défis et opportunités pour les nations BRICS. Alors que la Chine a atteint des niveaux avancés dans le domaine de la technologie, avec des entreprises telles qu'Alibaba et Tencent qui détiennent une présence significative à l'échelle mondiale, l'Inde a connu une croissance explosive dans son écosystème de start-ups, créant des innovations et des solutions dans le domaine de la technologie numérique, de la fintech, et bien d'autres domaines. La Russie a consolidé sa présence dans le secteur de la cybersécurité et des technologies de l'information, tandis que le Brésil et l'Afrique du Sud cherchent à renforcer leurs propres secteurs technologiques par le biais d'investissements et de partenariats.

Une autre dimension qui mérite une réflexion approfondie est celle de la durabilité économique et environnementale. Alors que ces nations cherchent à étendre leur croissance économique, la pression pour le faire de manière écologiquement durable et socialement responsable est en augmentation. La Chine, par exemple, est confrontée au défi de concilier sa rapide industrialisation avec la nécessité de réduire les émissions et de minimiser l'impact environnemental. De plus, la question de la durabilité englobe également des défis sociaux tels que l'équité, l'inclusion et la justice sociale, des éléments essentiels pour assurer une croissance bénéfique pour l'ensemble de la société.

Les flux d'investissements entre les nations BRICS et vers l'extérieur du groupe représentent un autre aspect crucial. Chacun de ces pays cherche activement à attirer des investissements directs étrangers (IDE) pour catalyser le développement et la croissance économique, tout en cherchant également à élargir ses horizons d'investissement à l'échelle mondiale. L'Initiative Belt and Road de la Chine est un exemple emblématique de la manière dont une nation BRICS cherche à façonner les dynamiques économiques mondiales grâce à d'importants investissements dans les infrastructures.

En termes de politique intérieure, chacune des économies des BRICS est confrontée à des défis distincts liés à la démographie, à la gouvernance et à la stabilité sociale. L'Inde, avec sa démographie incroyablement jeune, est soumise à des pressions pour créer des opportunités d'emploi et soutenir une croissance économique capable d'absorber l'énorme cohorte de jeunes entrant sur le marché du travail chaque année. Le Brésil, quant à lui, doit faire face à des questions liées à l'inégalité sociale et économique, tandis que la Russie est confrontée aux défis posés par le vieillissement de la population et la nécessité de diversifier son économie.

La question des droits de l'homme et des libertés civiles, de la gouvernance démocratique et de l'État de droit est également intriquée dans le discours économique. La manière dont chaque pays des BRICS aborde ces questions influence la perception mondiale, les investissements étrangers et les relations bilatérales et multilatérales. Pouvoir naviguer à travers les défis de la gouvernance intérieure tout en poursuivant la croissance économique et en maintenant une position de force et de coopération sur la scène mondiale est une dynamique cruciale et complexe au sein des stratégies économiques des BRICS.

De toute façon, l'influence des BRICS et leur impact sur le monde vont au-delà de la simple domination économique, s'infiltrant dans les sphères politiques, culturelles et sociales à l'échelle mondiale. Comprendre ces domaines divers, complexes et interconnectés nécessite une analyse approfondie intégrant divers secteurs et disciplines, examinant les dynamiques à la fois internes et externes pour fournir une vue d'ensemble holistique de leurs trajectoires et implications futures.

Dans le paysage des économies des BRICS, l'équilibre entre la croissance économique et la gestion de l'inégalité se pose comme un point de friction essentiel. Ces nations ont connu des expansions économiques significatives, mais, dans de nombreux cas, cela n'a pas nécessairement conduit à une répartition équitable de la richesse. Par exemple, dans des pays comme le Brésil et l'Afrique du Sud, où l'inégalité économique est particulièrement prononcée, l'écart entre les secteurs les plus riches et les plus pauvres de la société reste une question politique et sociale importante. La distribution équitable des ressources, des opportunités éducatives et de l'accès aux infrastructures vitales sont autant de problématiques qui influencent la durabilité de la croissance et du développement économique.

D'un autre côté, il y a la question de l'intégration des économies des BRICS dans le contexte de l'économie mondiale, non seulement en termes de commerce international, mais aussi en ce qui concerne les réseaux mondiaux de production et de distribution. Par exemple, la crise sanitaire mondiale a révélé à la fois la résilience et la fragilité des chaînes d'approvisionnement mondiales, mettant en évidence la dépendance à l'égard de certains pays (comme la Chine) pour les produits et matériaux clés, ainsi que les vulnérabilités associées à ce type d'interdépendance. L'équilibre entre la promotion de l'autosuffisance nationale et la promotion de l'intégration économique mondiale reste une question délicate pour les économies des BRICS.

De plus, alors que les BRICS cherchent à accroître leur poids et leur influence dans l'économie mondiale, ils devront également naviguer dans les eaux parfois agitées des relations internationales et de la géopolitique. Les tensions entre les pays membres, telles que celles entre l'Inde et la Chine, ainsi que les tensions avec d'autres nations et entités économiques mondiales, façonneront inévitablement la trajectoire que les BRICS emprunteront à l'avenir. La gestion de ces tensions et le maintien de relations bilatérales et multilatérales constructives seront essentiels à leur succès collectif et individuel sur la scène mondiale.

L'énergie est un autre secteur fondamental dans l'analyse des économies des BRICS. Alors que le monde évolue progressivement vers des sources d'énergie plus propres et durables, les BRICS, qui représentent ensemble une part significative de la consommation énergétique mondiale, ont un rôle crucial à jouer dans cette transition. La Chine et l'Inde, en particulier, en raison de leurs vastes populations et de leurs industries en expansion, ont un impact significatif sur les modèles de consommation énergétique mondiaux. Leur capacité à mettre en œuvre des technologies énergétiques renouvelables et à promouvoir des pratiques durables à l'intérieur de leurs frontières aura une influence notable sur l'efficacité des efforts mondiaux pour lutter contre le changement climatique.

La question de l'innovation et de l'adoption technologique traverse tous les secteurs des économies des BRICS. La capacité à générer, adopter et diffuser de nouvelles technologies ne stimule pas seulement la croissance économique, mais facilite également la résolution des problèmes sociaux, économiques et environnementaux. L'innovation ne se limite pas aux technologies numériques, elle s'étend à tous les secteurs, y compris l'agriculture, où l'adoption de pratiques agricoles durables et innovantes peut avoir un impact significatif sur la sécurité alimentaire, la gestion des ressources et l'environnement.

L'éducation et le développement des compétences représentent un autre pilier essentiel dans la mosaïque des économies des BRICS. La capacité de ces nations à développer des talents et des compétences répondant aux besoins de leurs économies en évolution, de manière équitable et accessible, aura un impact considérable sur leur capacité à maintenir la croissance et la stabilité économique à long terme. L'éducation alimente non seulement l'innovation et la croissance économique, mais contribue également à promouvoir une citoyenneté informée et engagée, essentielle à une gouvernance stable et au développement social.

Ainsi, en naviguant à travers l'immense réseau de défis et d'opportunités présenté par les économies des BRICS, il est crucial de reconnaître l'interconnectivité des différents secteurs et thèmes, et comment les décisions et les politiques dans une région influencent inévitablement les autres. Cette interdépendance souligne l'importance d'une approche holistique et intégrée pour comprendre et guider le développement futur des BRICS dans le contexte mondial.

En conclusion, le profil économique des BRICS se distingue par un paysage aussi riche que complexe, où les trajectoires de croissance, les défis intrinsèques et les perspectives futures des cinq économies émergentes interagissent dans un système d'influences et de dépendances mutuelles avec le contexte économique mondial. L'hétérogénéité de leurs économies, avec la Chine émergeant en tant que superpuissance économique mondiale, l'Inde affichant un potentiel de croissance impressionnant, la Russie équilibrant son économie entre défis et opportunités, le Brésil naviguant à travers la complexité de ses disparités internes et l'Afrique du Sud cherchant une trajectoire de développement durable, représente un mosaïque économique dans laquelle chacun de ces États assume des rôles différents mais intégrés dans le contexte des BRICS.

La diversification de leurs bases économiques, l'équilibre entre l'industrie et l'agriculture, le secteur des services et la capacité à gérer et à mettre en œuvre des innovations technologiques, représentent des éléments fondamentaux qui déterminent la direction de leurs économies. Naviguer entre la nécessité d'assurer la croissance et le développement tout en maintenant un équilibre avec la préservation de l'environnement, la durabilité sociale et la gestion des ressources naturelles, pose aux BRICS des défis d'une importance significative, mais offre également des pistes de réflexion pour des modèles de développement économique alternatifs.

De même, la question des inégalités socio-économiques, tant au niveau national que dans le contexte des relations internationales, émerge comme une question prépondérante. La capacité des BRICS à faire face aux inégalités internes en favorisant une inclusion économique et sociale plus large, et à établir des relations internationales qui n'aggravent pas davantage les disparités existantes, sera déterminante pour leur trajectoire future et l'évolution de leur rôle à l'échelle mondiale.

En outre, l'entrelacement de la politique et de l'économie dans les dynamiques des BRICS souligne comment les trajectoires économiques entreprises par ces pays sont intrinsèquement liées à leurs stratégies géopolitiques, à leurs dynamiques internes et à leurs ambitions mondiales. Les tensions politiques, tant internes qu'entre les pays BRICS, pourraient servir de catalyseurs ou d'obstacles aux processus de coopération et d'intégration économique, influençant ainsi la forme et la substance des initiatives économiques communes et la stabilité de la coalition BRICS elle-même.

Enfin, les BRICS, avec leur poids économique croissant et leur influence sur la scène mondiale, sont appelés à naviguer dans un ordre économique mondial en transformation, conciliant leurs propres aspirations avec les responsabilités découlant de leur influence croissante. La capacité à équilibrer les intérêts nationaux avec ceux de la collectivité mondiale, et ce de manière à garantir non seulement la croissance et le développement économique, mais aussi la durabilité, l'équité et la stabilité, sera essentielle pour déterminer l'avenir non seulement des BRICS, mais aussi de l'économie mondiale dans son ensemble.

Analyse des économies des BRICS : Par conséquent, doit être menée avec une perspective dépassant les simples données économiques et incorporant une évaluation holistique et intégrée des nombreux facteurs, dynamiques et défis qui façonneront leur avenir et le rôle qu'ils joueront dans la définition de l'ordre économique mondial dans les décennies à venir.

3. Politique des BRICS • Examen des politiques intérieures et extérieures des pays BRICS.

La politique des BRICS, composée des pays du Brésil, de la Russie, de l'Inde, de la Chine et de l'Afrique du Sud, couvre un large éventail de thèmes et de défis, car ces États présentent des divergences significatives dans leurs structures politiques, leurs priorités politiques et leurs orientations idéologiques. Examiner à la fois les politiques intérieures et extérieures de ces nations peut éclairer la manière dont elles s'influencent mutuellement et façonnent le contexte géopolitique et géoéconomique mondial.

Politiques intérieures

- **Brésil**

- Le Brésil, avec son système démocratique
  et son économie émergente, a traversé
  plusieurs problèmes internes, notamment
  la corruption politique, les tensions sociales
  et les défis liés à la durabilité du
  développement économique et à la justice
  sociale. La lutte contre la pauvreté et
  l'inégalité, ainsi que la gestion des
  ressources naturelles et de la biodiversité,
  constituent des questions politiques
  centrales.

- **Russie**

  - La Russie, dirigée par un modèle de
    pouvoir centralisé, est confrontée à des
    dilemmes liés à la gestion de la diversité
    ethnique et religieuse interne, à l'économie
    basée sur les ressources énergétiques et aux
    tensions avec l'Occident. Les questions
    relatives aux libertés civiles, à la
    démocratie et au rôle des institutions
    indépendantes sont également pertinentes.

- **Inde**

  - L'Inde, la plus grande démocratie du
    monde, est confrontée à des défis liés à la
    pluralité religieuse et ethnique, aux
    inégalités sociales et économiques, et à son
    développement rapide. L'équilibre entre la

croissance économique, la protection de l'environnement et l'inclusion sociale constitue un enjeu critique.

- **Chine**

  - La Chine, sous la direction du Parti communiste, navigue à travers la gestion de la croissance économique, de la stabilité sociale et de l'affirmation de son propre modèle de gouvernance. Des questions telles que les droits de l'homme, la liberté d'expression et la gestion de l'innovation technologique sont des aspects pertinents.

- **Afrique du Sud**

  - L'Afrique du Sud, avec son passé d'apartheid et ses défis actuels liés à l'inégalité économique, à la corruption et à la gestion des tensions sociales, poursuit une trajectoire politique axée sur la réconciliation, le renouveau économique et la justice sociale.

Politiques étrangères

- **Coopération et Compétition**: Les BRICS travaillent ensemble dans certains domaines, tels que la finance et le développement, mais présentent également des compétitions, notamment en termes d'influence mondiale et d'accès aux ressources.

- **Gouvernance Mondiale**: Les BRICS cherchent activement à redéfinir et réformer les institutions de gouvernance mondiale, visant à accroître leur poids et leur représentation pour les économies émergentes.

- **Sécurité Globale**: Les relations entre les pays BRICS et les autres acteurs mondiaux sont cruciales dans la gestion de questions telles que le terrorisme, la prolifération nucléaire et les conflits régionaux.

- **Environnement et Développement Durable**: L'engagement commun pour faire face aux changements climatiques et promouvoir un développement durable, tout en maintenant leurs propres agendas de croissance économique, est un domaine clé de la politique étrangère.

- **Commerce et Investissements**: Tout en s'efforçant de développer leurs marchés intérieurs, les BRICS s'engagent également activement à créer des opportunités de commerce et d'investissement à l'échelle mondiale, parfois grâce à des accords bilatéraux et multilatéraux.

La combinaison des politiques intérieures et extérieures des BRICS génère un dialogue continu entre la nécessité de traiter les questions nationales et l'ambition de jouer un rôle influent sur la scène internationale. Chaque pays apporte à la table de coopération des BRICS ses propres forces, défis et attentes, cherchant à tracer un chemin qui protège non seulement les intérêts nationaux, mais promeut également un ordre mondial plus inclusif et équitable. L'exploration des dynamiques politiques à l'intérieur et entre les BRICS offre donc une fenêtre à travers laquelle observer les tensions, les alliances et les aspirations qui façonnent le monde contemporain.

Chaque pays BRICS présente une matrice politique unique, révélant un mélange de convergences et de divergences qui stimulent à la fois la collaboration et le conflit au niveau international. La fluidité de leurs politiques intérieures et extérieures représente une dynamique fascinante entre l'intérêt national individuel et l'intérêt collectif de la coalition BRICS.

Lorsque nous explorons plus en détail les politiques étrangères des pays BRICS, il devient évident que tandis que ces pays cherchent à promouvoir un ordre mondial plus multipolaire, l'approche de chacun d'entre eux est profondément enracinée dans leurs propres défis et aspirations nationales. Par exemple, la Chine a adopté l'initiative "Une ceinture, une route" (OBOR) pour étendre son influence économique et politique à travers un vaste réseau de pays. En revanche, l'Inde a maintenu un équilibre prudent entre son engagement envers les BRICS et ses liens croissants avec les démocraties occidentales, en particulier grâce au Quad, un forum de dialogue stratégique qui inclut également les États-Unis, le Japon et l'Australie.

En ce qui concerne la politique intérieure, des questions telles que la démocratie, les droits de l'homme et la gouvernance deviennent encore plus cruciales. Prenons l'exemple du Brésil : ses dynamiques politiques internes ont été marquées par d'importantes polarisations, avec des implications directes sur sa politique étrangère et ses interactions au sein des BRICS. De même, en Afrique du Sud, la question dominante de la lutte continue contre les inégalités économiques et sociales, qui résonne fortement dans sa politique étrangère, vise à créer des alliances Sud-Sud et à promouvoir un ordre international plus équitable.

De plus, les BRICS se sont efforcés de coordonner leurs politiques dans divers forums internationaux, notamment ceux liés au commerce, au climat et à la sécurité. Malgré leurs divergences, comme cela a été observé dans les désaccords concernant la réforme des institutions financières internationales ou le soutien à des régimes ou mouvements spécifiques, il y a eu une certaine cohérence dans leur engagement collectif à défier l'ordre mondial dominé par l'Occident.

La question des droits de l'homme et de la démocratie, souvent abordée de manière disparate par les pays BRICS, souligne les différentes philosophies de gouvernance et les valeurs politiques qui existent au sein du groupe. Alors que certains pays mettent fortement l'accent sur la souveraineté et la non-ingérence, d'autres cherchent des moyens de concilier le respect des droits de l'homme universels avec le désir de maintenir des relations bilatérales stables.

En ce qui concerne le commerce et l'économie, les BRICS cherchent à articuler une vision partagée du développement durable et de la croissance inclusive, tout en naviguant en même temps entre la rivalité et la compétition, à la fois au sein du groupe et avec des acteurs externes. Par exemple, les tensions commerciales entre l'Inde et la Chine ou la concurrence dans le secteur de l'énergie entre la Russie et le Brésil offrent un aperçu des complexités et des défis inhérents à la gestion des relations entre des pays ayant des ambitions mondiales et régionales.

Dans le contexte de la sécurité et de la paix mondiales, les BRICS ont manifesté un mélange de coopération et de désaccord. Par exemple, bien qu'il y ait eu une certaine cohérence dans le soutien au principe de non-ingérence dans les affaires intérieures des États, les BRICS ont montré des divergences sur des questions telles que la crise en Syrie ou la question nucléaire iranienne, reflétant les diverses préoccupations en matière de sécurité et les objectifs stratégiques des membres individuels.

Les BRICS, en tant que coalition, continuent d'explorer les voies vers une intégration plus profonde et la promotion de leurs objectifs communs sur la scène mondiale, malgré les tensions et les défis résultant de leurs réalités politiques uniques et des divergences en termes de valeurs et d'intérêts nationaux. Leur trajectoire future continuera de osciller entre la coopération et la compétition, offrant une perspective fascinante et complexe sur la géopolitique mondiale.

Dans le tissu des politiques des BRICS, les thèmes de la justice sociale, de l'innovation et de la durabilité émergent comme des dénominateurs communs qui attirent l'attention à la fois au niveau national et international. Si nous approfondissons davantage ce tissu complexe, nous pouvons découvrir des nuances supplémentaires qui reflètent la manière dont ces nations abordent les défis émergents et les opportunités de l'ordre mondial contemporain.

Par exemple, l'impact de la numérisation et des nouvelles technologies est évident dans toute la coalition. La Chine a fortement poussé pour le leadership dans le secteur technologique, explorant le domaine de la monnaie numérique et cherchant à établir de nouvelles normes pour l'Internet du futur. D'un autre côté, l'Inde a utilisé l'innovation numérique pour relever des défis nationaux tels que l'inclusion financière et l'accès aux services de santé, tout en cherchant à équilibrer l'innovation avec les questions de confidentialité et de sécurité des données.

La manière dont les BRICS naviguent entre la mondialisation et le nationalisme économique représente un autre aspect intrigant. Alors que le Brésil, par exemple, a une histoire d'oscillation entre des politiques ouvertes et des stratégies plus protectionnistes, la Russie a équilibré son désir d'attirer des investissements étrangers avec la nécessité de protéger ses secteurs clés. Pendant ce temps, l'Afrique du Sud a cherché à équilibrer le besoin d'investissements étrangers avec l'impératif de promouvoir le développement local et l'émancipation économique des populations noires.

Les défis climatiques représentent un autre prisme à travers lequel explorer les politiques des BRICS. L'impératif mondial de lutter contre le changement climatique amène ces nations à équilibrer la nécessité de la croissance économique avec la pression d'adopter des mesures durables. Par exemple, tandis que la Chine a annoncé des plans ambitieux pour atteindre la neutralité carbone d'ici 2060, elle doit encore équilibrer cet objectif avec sa dépendance à court terme au charbon. L'Inde, en revanche, cherche à exploiter son abondance de soleil pour devenir un leader de l'énergie solaire, bien qu'elle doive faire face aux défis de l'accès à l'énergie et de la sécurité.

De plus, la question de la gouvernance mondiale et du rôle des BRICS dans la formation des institutions internationales offre une perspective unique sur leur politique. Le désir de réformer des institutions telles que le Fonds monétaire international et la Banque mondiale, ainsi que les Nations Unies, reflète l'aspiration des BRICS à façonner un ordre mondial qui reflète mieux leurs intérêts et ceux d'autres pays en développement. La création de la Nouvelle Banque de Développement des BRICS est un pas dans cette direction, bien que l'on attende de voir comment cette initiative et d'autres initiatives similaires évolueront à l'avenir.

L'interaction entre les BRICS et d'autres nations et blocs, tels que l'Union européenne et les États-Unis, ajoute une couche supplémentaire à leur pratique politique. Bien que l'interaction avec ces acteurs ait englobé à la fois la collaboration et la compétition, la dynamique souligne le désir des BRICS d'être reconnus comme des acteurs clés sur la scène mondiale, capables de façonner et d'influencer de manière significative les dynamiques mondiales.

Dans le contexte de la sécurité, les BRICS ont géré un certain nombre de questions, notamment les défis liés au terrorisme, à la piraterie maritime et à la cybersécurité, tout en cherchant à coordonner leurs réponses tout en naviguant à travers leurs divergences. La gestion de la menace terroriste, en particulier, a nécessité un équilibre entre les préoccupations en matière de sécurité et celles des droits de l'homme et de la justice sociale.

Ainsi, les politiques des BRICS sont immergées dans un paysage riche et varié, tissé de fils de coopération, de compétition et de conflit. Explorer les différentes facettes de ces politiques offre non seulement un aperçu de leur dynamique interne, mais fournit également des informations précieuses sur leurs aspirations, préoccupations et stratégies dans le contexte mondial plus large.

L'analyse de la projection des BRICS sur la scène mondiale est enrichie en tenant compte également du thème de la soft power et du domaine des relations culturelles et sociales entre ces pays et le reste du monde. La promotion de la culture, des valeurs et des symboles nationaux, et comment ils influencent les relations internationales entre les BRICS et d'autres pays, devient un domaine significatif d'exploration.

Par exemple, la Chine, avec son ambitieuse initiative "Belt and Road", cherche non seulement à étendre son influence économique, mais aussi à accroître sa soft power en Asie, en Afrique et en Europe, en utilisant des outils tels que les investissements dans les infrastructures, le commerce, ainsi que les échanges culturels et éducatifs. L'Inde, à travers sa politique "Act East" et son soutien à la diaspora indienne dans le monde entier, s'efforce activement de créer des liens basés non seulement sur des intérêts économiques ou stratégiques, mais aussi culturels et sociaux.

De plus, la dynamique des relations intra-BRICS offre une fenêtre par laquelle on peut explorer comment ces nations gèrent leurs différences et exploitent les domaines de convergence. Par exemple, bien que la Chine et l'Inde aient diverses questions en suspens, notamment des questions de frontière, elles recherchent des domaines de coopération dans des forums multilatéraux, y compris la plateforme BRICS elle-même. Cette coexistence de conflits et de coopération est un thème récurrent au sein des BRICS, qui connaissent des frictions fréquentes, par exemple, sur des questions liées à la fiscalité et au commerce, mais trouvent un terrain d'entente sur des questions telles que la réforme des institutions financières internationales ou la lutte contre le changement climatique.

Le concept de leadership au sein des BRICS est également d'un intérêt particulier. La façon dont chaque pays perçoit son propre rôle et sa contribution au sein du groupe et à l'extérieur varie considérablement. Alors que la Chine peut se voir comme le leader naturel des BRICS en raison de sa taille économique et de son poids mondial, l'Inde, le Brésil, la Russie et l'Afrique du Sud apportent également leurs propres aspirations et visions du leadership régional et mondial, parfois en contradiction avec l'agenda chinois.

Dans le contexte de la politique mondiale et de la sécurité, les BRICS cherchent à définir une narration commune, même si leurs actions et positions spécifiques peuvent diverger. Leur opposition commune à ce qu'ils perçoivent comme un ordre mondial unilatéral dominé par les États-Unis les unit, mais leurs intérêts géopolitiques et géoéconomiques spécifiques peuvent également les diviser, comme on le voit dans leurs approches des crises mondiales et régionales.

L'influence des BRICS dans la résolution ou l'atténuation des conflits régionaux est un autre aspect crucial à explorer. Si l'on prend l'exemple du rôle de la Russie en Syrie ou de celui de la Chine à l'égard de la Corée du Nord, on voit des pays cherchant à équilibrer leurs intérêts stratégiques avec la nécessité de projeter une image de responsabilité et de leadership à l'échelle mondiale. De même, l'approche de l'Inde et de l'Afrique du Sud face aux questions de paix et de sécurité dans leur voisinage reflète une combinaison de préoccupations en matière de sécurité, d'intérêts économiques et du désir de projeter leur influence et leur leadership.

Enfin, la question de quel avenir attend les BRICS dans un monde en évolution, caractérisé par des défis croissants tels que la rivalité entre les superpuissances, les crises mondiales et un changement systémique, offre des perspectives supplémentaires pour explorer comment les politiques intérieures et extérieures de ces nations évolueront dans un avenir proche. Seront-elles en mesure de surmonter leurs différences et de forger une coalition plus cohérente et influente ? Ou les divergences internes et les défis externes limiteront-ils leur impact et leur cohérence sur la scène mondiale ? La navigation à travers ces questions offre un voyage fascinant à travers les complexités et les contradictions des BRICS dans le monde contemporain.

Une autre dimension intéressante dans l'analyse des politiques des BRICS concerne la gestion de l'inégalité et de la cohésion sociale au sein de ces pays. Bien qu'ils aient atteint d'importants objectifs économiques au cours des dernières décennies, les nations BRICS continuent de lutter contre des inégalités économiques aiguës, des problèmes de corruption et des défis en matière de droits de l'homme.

La question de l'inégalité se manifeste à travers divers prismes. Au Brésil, par exemple, les inégalités économiques et sociales sont étroitement liées aux questions de race et de genre, et le pays est régulièrement aux prises avec des tensions liées à ces différenciations socio-économiques. En Afrique du Sud, les ombres de l'apartheid continuent de se refléter dans les inégalités économiques et les tensions sociales, avec des problèmes persistants d'accès à des opportunités économiques et à des services essentiels pour différentes communautés.

La Russie présente un paysage politique distinct, où la centralisation du pouvoir et le nationalisme jouent un rôle clé dans la définition de sa stratégie politique, tant au niveau national qu'international. Les déséquilibres économiques et sociaux sont souvent obscurcis par une narration patriotique robuste et une gestion habile des médias. Un dialogue constant a lieu sur le rôle des ONG et sur l'espace pour la société civile dans un pays qui équilibre la demande d'ordre et de stabilité avec la nécessité d'innovation et de développement.

Dans le contexte indien, le pluralisme, tant culturel que religieux, reste une caractéristique distinctive mais aussi un défi pour sa politique. La gestion de la diversité et la promotion de la cohésion sociale sont des thèmes centraux, compte tenu des diverses tensions résultant des inégalités économiques, des différences religieuses et des disparités régionales. La promotion d'une identité nationale cohésive tout en gérant cette pluralité est un défi politique constant.

L'approche de la Chine en matière de politique, avec son modèle de gouvernance centralisée et le fort contrôle du Parti communiste, présente un autre aspect des BRICS. L'accent mis sur l'harmonie sociale et la stabilité, combiné à une forte direction économique, a défini le succès chinois. Cependant, des questions telles que les tensions dans des régions telles que le Tibet et le Xinjiang, ainsi que le traitement des minorités ethniques et religieuses, mettent en lumière les défis liés à la gestion de la diversité au sein d'un tel modèle politique.

Il est également essentiel de considérer l'évolution des BRICS à l'ère numérique, car la technologie devient de plus en plus critique pour déterminer le pouvoir et l'influence mondiaux. Chaque pays BRICS fait face à ses propres défis et opportunités dans ce domaine. Par exemple, tandis que l'Inde et la Chine ont réalisé d'importants progrès dans le secteur technologique, devenant leaders dans des segments spécifiques tels que le commerce électronique et les technologies mobiles, elles font face à des défis tels que la réglementation du secteur technologique, les questions liées à la vie privée des données et à la cybersécurité, ainsi que la fracture numérique interne.

Une analyse approfondie des BRICS nous conduit donc à travers un kaléidoscope de défis et de stratégies politiques, naviguant entre le désir de stabilité interne, de croissance économique et de présence influente sur la scène mondiale. Chaque nation, tout en partageant certaines aspirations communes, poursuit ses propres objectifs uniques à travers une variété de méthodes et de politiques, créant souvent un ensemble de pratiques à la fois harmonieuses et contrastantes. Les défis du futur, y compris les changements mondiaux, les nouvelles dynamiques de pouvoir et les défis internes, fourniront des facettes et des orientations supplémentaires à l'action politique des BRICS, offrant continuellement de nouveaux terrains et scénarios pour l'analyse et la compréhension de ces puissances émergentes.

En résumé, malgré d'importantes divergences en termes de structure politique, de gouvernance et d'approches des questions mondiales, les BRICS ont été capables de maintenir un front uni dans divers domaines stratégiques, principalement liés à l'économie et au développement. Leur coopération, mise en évidence par le biais de sommets et d'initiatives communs, reflète une compréhension mutuelle de l'importance de façonner un ordre mondial qui soit représentatif de leurs aspirations et de leurs intérêts.

La **politique intérieure** de chaque pays des BRICS reflète une toile complexe d'aspirations au développement, de quête de stabilité et de gestion des divers défis socio-économiques et culturels. La stabilité politique est souvent équilibrée avec des questions pressantes telles que l'inégalité, la corruption et la pression pour la démocratisation dans certains pays. Chaque État des BRICS, avec ses nuances et ses contextes, cherche à naviguer à travers ces défis en élaborant des politiques susceptibles de refléter à la fois les aspirations intérieures et celles de la coalition.

Sur le plan **international**, les BRICS cherchent à se positionner en tant qu'acteurs clés dans un ordre mondial en pleine transformation. L'ascension de la Chine en tant que superpuissance mondiale, l'influence croissante de l'Inde en Asie du Sud, le rôle de la Russie dans les questions de sécurité en Europe et au Moyen-Orient, l'engagement du Brésil et de l'Afrique du Sud dans leurs régions respectives, sont autant d'exemples de la manière dont ces nations tentent de façonner les dynamiques mondiales et régionales.

Cependant, l'avenir des BRICS n'est pas exempt d'incertitudes et de défis. La solidité de la coopération entre les membres, la capacité à naviguer à travers des rivalités croissantes (comme entre la Chine et l'Inde), et leur capacité à représenter un front uni dans les discussions mondiales seront cruciales pour déterminer l'impact futur du groupe. De plus, des questions telles que la gouvernance mondiale de la technologie et de l'environnement, ainsi que la gestion des nouveaux défis économiques tels que la numérisation et l'automatisation, sont des éléments qui nécessiteront une vision et une stratégie communes au sein des BRICS.

De plus, la manière dont les BRICS négocieront leur relation avec les puissances existantes, en particulier les États-Unis et l'Union européenne, ainsi qu'avec d'autres pays émergents, contribuera de manière significative à définir non seulement les trajectoires de développement de ces pays, mais aussi la structure de l'ordre mondial futur. L'efficacité du bloc dans l'équilibrage des aspirations, des conflits et de la coopération sera un facteur clé pour déterminer son rôle et son impact dans le paysage mondial dans les années à venir.

Ainsi, l'observation des BRICS, à travers le prisme de la politique intérieure et extérieure, offre non seulement des perspectives sur la manière dont ces nations naviguent à travers une époque de changements mondiaux significatifs, mais aussi sur la manière dont elles cherchent à définir et à façonner ces changements selon leurs propres visions et intérêts. On peut donc envisager un avenir dans lequel le bloc des BRICS continuera à jouer un rôle clé, traversant et influençant les nombreuses facettes de l'échiquier international en constante évolution.

4. Relations internationales • Analyse des relations entre les BRICS et d'autres acteurs mondiaux.

Relations internationales et les BRICS En
explorant les relations internationales des BRICS, il est
essentiel de noter non seulement les interactions entre
les membres du groupe, mais aussi comment le bloc et
les nations individuelles interagissent avec d'autres
acteurs mondiaux et régionaux.

1. **Relations intra-BRICS :**

   - Malgré divers défis et tensions (comme les
     différends territoriaux entre l'Inde et la
     Chine), les BRICS ont maintenu un front
     relativement uni dans divers forums
     internationaux, mettant en évidence la
     coopération dans les domaines
     économiques et du développement durable.

   - La plateforme BRICS a été utilisée pour
     explorer et établir des mécanismes
     financiers alternatifs, tels que la Nouvelle
     Banque de Développement, visant à fournir
     des ressources financières pour des projets
     d'infrastructures et de développement
     durable entre les pays membres et d'autres
     pays émergents.

2. **Relations avec le G7 et l'Occident :**

   - Les BRICS se positionnent souvent comme
     une voix alternative à celle des pays les plus
     industrialisés, représentés par le G7.

- Les pays BRICS cherchent souvent à équilibrer leur relation avec les nations occidentales, cherchant à ouvrir des espaces pour la coopération économique tout en exprimant leur désaccord sur des questions telles que les normes commerciales mondiales et la gouvernance internationale.

3. **Influence régionale :**

   - Des pays tels que le Brésil et l'Afrique du Sud jouent des rôles importants dans leurs régions respectives (Amérique latine et Afrique subsaharienne, respectivement) et servent souvent de ponts entre les BRICS et leurs régions.

   - La Russie et la Chine, en raison de leur influence politique et militaire considérable, ont développé des réseaux d'alliances et de coopération non seulement entre elles, mais aussi avec des pays du Moyen-Orient, d'Asie centrale et d'Asie du Sud.

4. **Relation avec les pays en développement :**

   - Les BRICS se présentent souvent comme des représentants des intérêts des pays en développement, mettant l'accent sur des thèmes tels que la justice économique mondiale, la dette et le commerce.

- Dans de nombreux cas, ces nations ont cherché à fournir une aide au développement et un soutien économique à d'autres pays émergents, cultivant des alliances et soutenant des thèmes d'intérêt commun dans les forums internationaux.

-

1. **Compétition et Collaboration :**

- Bien qu'ils maintiennent une certaine cohésion en tant que groupe, les pays BRICS se font également concurrence dans divers domaines, tels que l'attraction des investissements étrangers, la domination de marchés mondiaux spécifiques et le leadership dans les questions mondiales.

- En termes de sécurité, il existe des contrastes et des chevauchements d'intérêts, comme en témoignent les relations sino-indiennes et russo-chinoises, qui naviguent entre alliances stratégiques et tensions régionales.

2. **Problèmes Mondiaux et Gouvernance :**

- Les BRICS ont cherché à exercer leur influence dans des questions de gouvernance mondiale telles que le changement climatique, la sécurité internationale et la santé mondiale.

- Le rôle des BRICS dans les futures dynamiques de la politique climatique mondiale, en particulier compte tenu de la pression croissante en faveur d'actions climatiques ambitieuses, sera essentiel, car des pays comme la Chine et l'Inde figurent parmi les plus grands émetteurs de gaz à effet de serre.

En conclusion, les BRICS naviguent dans un réseau complexe de relations internationales, gérant des tensions internes et cherchant à cultiver une influence collective et individuelle à l'échelle mondiale. La cohérence et l'efficacité de leurs politiques étrangères, ainsi que la manière dont ils équilibreront les intérêts nationaux avec les engagements mondiaux et régionaux, seront cruciales dans l'évolution des dynamiques géopolitiques mondiales dans les années à venir. Observer comment les différents pays BRICS gèrent ces équilibres et leurs ambitions sera essentiel pour comprendre les trajectoires futures de l'ordre mondial.

7. Commerce et Investissements :

- Les BRICS représentent une entité puissante dans le commerce mondial, participant activement aux chaînes de valeur mondiales et aux marchés émergents. La coopération et la concurrence à l'intérieur et à l'extérieur du bloc offrent des opportunités et des défis en termes d'accès aux marchés, de protectionnisme et de réformes des institutions financières internationales.

- L'Initiative Belt and Road de la Chine est un exemple emblématique de la manière dont les nations BRICS étendent leur influence économique à l'échelle mondiale, créant à la fois des opportunités et des tensions à l'intérieur du bloc et avec d'autres acteurs internationaux.

8. Technologie et Innovation :

- La course à la domination technologique entre les BRICS et d'autres acteurs mondiaux souligne le rôle croissant de la technologie et de l'innovation dans la détermination des dynamiques du pouvoir mondial.

- Les BRICS, en particulier la Chine et l'Inde, sont devenus des sources importantes d'innovation technologique et cherchent à établir des normes et des standards dans le domaine numérique et technologique à l'échelle mondiale, remettant souvent en question l'approche et la domination occidentales.

9. Sécurité Globale et Régionale :

- Les tensions régionales, telles que celles dans l'Himalaya entre la Chine et l'Inde, et les défis de sécurité auxquels la Russie est confrontée en Europe, montrent comment les questions de sécurité peuvent avoir des implications à la fois bilatérales au sein du bloc BRICS et mondiales.

- La gestion et la médiation des conflits, ainsi que la manière dont les BRICS se positionnent sur les questions de sécurité et de paix mondiales, représentent un aspect vital de leur impact et de leur influence dans l'ordre mondial.

10. Gouvernance Globale :

- La participation et l'influence dans les institutions de gouvernance mondiale, telles que les Nations Unies, le Fonds Monétaire International et la Banque Mondiale, restent des piliers cruciaux de la stratégie étrangère des BRICS.

- La promotion d'un ordre mondial multipolaire a été une constante dans les déclarations conjointes des BRICS, ce qui implique un défi direct à la domination occidentale traditionnelle dans de nombreuses institutions et pratiques internationales.

11. Environnement et Durabilité :

- Les défis liés au changement climatique, à la biodiversité et à la durabilité environnementale sont au cœur des agendas internationaux, et les BRICS jouent un rôle significatif en tant que grands émetteurs et acteurs clés de la préservation de la biodiversité.

- La gouvernance environnementale mondiale, les compromis entre développement et durabilité, et les tensions intrinsèques liées à l'équité dans le contexte de l'action climatique et de la protection de l'environnement sont des thèmes clés dans les relations extérieures des BRICS.

7. Développement Durable :

- Les nations BRICS, avec leur poids démographique et économique considérable, ont un impact significatif sur les progrès mondiaux vers les Objectifs de Développement Durable des Nations Unies.

- Les politiques de développement durable des BRICS et leur rôle dans le développement Sud-Sud représentent un aspect essentiel de leurs relations internationales, alors qu'elles cherchent à façonner l'agenda mondial du développement de manière à refléter leurs intérêts et priorités.

8. **Diplomatie Culturelle et People-to-People :**

- La diplomatie culturelle et les liens "people-to-people" représentent un élément crucial pour renforcer la cohésion intra-BRICS et améliorer la perception et l'influence du bloc à l'échelle mondiale.

- Des initiatives telles que les forums académiques, culturels et les échanges entre les jeunes sont des outils essentiels pour construire des ponts et promouvoir la compréhension mutuelle entre les sociétés des BRICS et au-delà.

Alors que les BRICS poursuivent leur chemin pour affirmer et consolider leur influence sur la scène internationale, la gestion de ces dynamiques complexes des relations extérieures sera cruciale. La manière dont les BRICS naviguent à travers ces différentes sphères et comment ils équilibrent coopération et compétition, convergence et divergence, à l'intérieur du bloc et dans leurs relations mondiales, restera au cœur de la définition des futures trajectoires géopolitiques et géoéconomiques.

14. Dynamiques de Pouvoir et Concurrence :

- La compétition entre les BRICS et les puissances occidentales, en particulier les États-Unis et l'Union européenne, façonne une nouvelle géographie du pouvoir mondial. L'augmentation de l'influence des BRICS sur la scène mondiale est souvent perçue comme un défi à l'ordre libéral dirigé par l'Occident.

- La rivalité stratégique croissante, par exemple dans le contexte de la technologie 5G, où la Chine émerge en tant que leader mondial, a des implications pour la sécurité mondiale et les alliances internationales, avec des répercussions sur la souveraineté numérique et la cybersécurité.

15. Diplomatie Multilatérale :

- L'engagement des BRICS dans des plates-formes multilatérales telles que le G20, l'Organisation mondiale du commerce et diverses agences de l'ONU illustre leur aspiration à façonner les normes et les accords internationaux.

- La capacité des BRICS à travailler de manière cohérente et à présenter des fronts unis ou des positions coordonnées dans les forums multilatéraux a le potentiel de renforcer leur influence collective dans l'architecture de la gouvernance mondiale.

16. Défense et Stratégies Militaires :

- Les armements et les capacités militaires des BRICS, en particulier de la Russie et de la Chine, sont des thèmes essentiels dans leur projection de puissance à l'échelle mondiale et dans leurs relations avec d'autres nations.

- La coopération dans le domaine de la défense, par le biais d'exercices militaires conjoints et de dialogues sur la sécurité, renforce les liens intra-BRICS et contribue à coordonner les positions sur les questions de sécurité régionale et mondiale.

17. Droits de l'Homme et Démocratie :

- La question des droits de l'homme et de la promotion de la démocratie joue un rôle dans les relations extérieures des BRICS, car leur perspective est souvent en contradiction avec l'approche occidentale.

- Les tensions liées aux droits de l'homme et à la gouvernance démocratique, comme le montrent les critiques et les sanctions internationales, représentent une dimension cruciale des relations internationales des BRICS, influençant leur image et leur pouvoir d'influence mondial.

18. Épidémies et Santé Globale :

- La pandémie de COVID-19 a souligné l'importance de la coopération et de la coordination internationales dans le domaine de la santé mondiale, mettant en évidence à la fois les synergies et les tensions entre les BRICS et d'autres acteurs mondiaux.

- L'accès aux vaccins, les réponses aux urgences sanitaires mondiales et la coopération en matière de santé publique font partie du contexte plus large des relations internationales des BRICS, influençant la perception de leur leadership et de leur solidarité à l'échelle mondiale.

19. Énergie et Ressources Naturelles :

- La sécurité énergétique et l'accès aux ressources naturelles sont des questions clés, les BRICS jouant un rôle fondamental sur les marchés mondiaux de l'énergie et dans les dynamiques liées aux ressources.

- Les stratégies de sécurité énergétique, les investissements dans les énergies renouvelables et les politiques liées au changement climatique sont des facteurs qui influencent les relations bilatérales et multilatérales entre les BRICS et d'autres acteurs mondiaux.

14. Migrations et Réfugiés :

- Les flux migratoires et les crises des réfugiés représentent un défi et une opportunité pour les nations BRICS, tant sur le plan interne que dans leurs relations extérieures.

- Les politiques migratoires, l'intégration des migrants et des réfugiés, ainsi que la coopération internationale en matière de migration, ont des implications pour la stabilité sociale, la croissance économique et la coopération internationale entre les BRICS et au-delà.

La gestion et la navigation à travers ces domaines clés ainsi que l'évolution continue des relations internationales entre les nations BRICS et d'autres acteurs mondiaux offrent une vue d'ensemble complexe et multidimensionnelle. L'impact de ces facteurs et leur interconnexion génèrent un mélange de coopération et de conflit, de synergies et de tensions, que les BRICS doivent équilibrer pour maintenir et renforcer leur influence et leur leadership à l'échelle mondiale.

21. Technologie et Cybersécurité :

- Les nations BRICS jouent un rôle central dans le développement technologique et la cybersécurité à l'échelle mondiale, explorant divers scénarios de coopération et de concurrence. La Chine, par exemple, a été en première ligne dans la mise en œuvre des technologies 5G, tandis que l'Inde a fait d'énormes progrès dans les technologies de l'information et les services logiciels.

- Les problèmes liés à la cybersécurité, tels que les cyberattaques, l'espionnage informatique et la protection des données, ont des répercussions non seulement sur les relations intra-BRICS, mais aussi sur les dynamiques avec d'autres acteurs mondiaux, créant de nouveaux défis en matière de diplomatie numérique et de sécurité mondiale.

22. Investissements et Commerce :

- Les relations commerciales entre les nations BRICS et le reste du monde sont complexes et multifacettes. Alors qu'il existe d'importants flux d'investissements et d'échanges commerciaux au sein du bloc, les tensions commerciales, telles que celles entre la Chine et les États-Unis, façonnent un environnement mondial concurrentiel.

- L'initiative "Belt and Road" de la Chine, les initiatives d'investissement en Afrique et l'intégration régionale en Amérique latine et en Asie sont des exemples de la profondeur et de la complexité des dynamiques commerciales et d'investissement qui caractérisent les BRICS dans le contexte mondial.

23. Environnement et Changement Climatique :

- Les politiques environnementales et les réponses au changement climatique des nations BRICS ont un impact significatif à l'échelle mondiale, compte tenu de leur taille et de leur poids économique. La Chine et l'Inde, en particulier, sont parmi les plus grands émetteurs de gaz à effet de serre, et leurs politiques énergétiques et environnementales sont sous les projecteurs internationaux.

- La participation des BRICS aux accords internationaux sur le climat, tels que l'Accord de Paris, et leurs stratégies nationales pour la transition énergétique et la protection de la biodiversité, constituent une dimension importante de leurs relations extérieures et de leur impact mondial.

24. Terrorisme et Sécurité :

- La menace du terrorisme et de l'extrémisme violent traverse les relations internationales des BRICS. La coopération en matière de lutte contre le terrorisme, l'échange d'informations du renseignement et la coordination dans les forums internationaux sont essentiels pour faire face aux menaces transversales à la sécurité.

- De l'insurrection dans diverses régions africaines aux tensions au Cachemire et aux questions tchétchènes en Russie, la question du terrorisme a des implications à la fois nationales et internationales pour les BRICS, influençant leur diplomatie et leurs politiques de sécurité.

25. Coopération Scientifique et Recherche :

- La coopération scientifique et de recherche entre les BRICS et d'autres partenaires internationaux est essentielle pour le progrès technologique et le développement durable. La collaboration dans les missions spatiales, la recherche médicale et l'intelligence artificielle ouvre de nouveaux horizons de partenariat et de compétition.

- La diplomatie scientifique et les échanges académiques représentent une autre couche des relations internationales des BRICS, où le partage et la compétition pour le savoir-faire, l'innovation et les découvertes scientifiques façonnent les interactions et influencent les dynamiques mondiales.

26. Culture et Soft Power :

- La promotion de la culture et l'exercice du soft power à travers les médias, l'art, le sport et l'éducation sont des stratégies clés utilisées par les BRICS pour construire leur image et leur influence à l'échelle mondiale. Par exemple, la diffusion de la culture chinoise à travers les Instituts Confucius dans le monde.

- La diplomatie culturelle et la promotion du tourisme entre les nations BRICS et au-delà contribuent à construire des ponts et à influencer les perceptions mutuelles, ayant ainsi un impact sur les échanges humains et les relations internationales.

Les relations internationales des BRICS sont tissées à travers un réseau complexe de coopération et de concurrence dans divers domaines, y compris, mais sans s'y limiter, ceux énumérés ici. L'interaction entre ces facteurs et leur impact sur les dynamiques mondiales offrent un terrain fertile pour des analyses et des discussions supplémentaires, explorant comment les BRICS façonnent et sont façonnés par le contexte international contemporain.

27. Diplomatie Multilatérale :

- Les BRICS jouent un rôle déterminant dans de nombreux forums multilatéraux tels que l'ONU, le G20 et l'OMC, influençant la réglementation et la gouvernance mondiales. L'approche des BRICS en matière de diplomatie multilatérale oscille souvent entre la collaboration et le contentieux, en fonction des questions et des intérêts en jeu.

- Leur capacité à façonner l'ordre mondial est complexe et variée, en raison de la diversité des pays membres et de leurs agendas internationaux respectifs, avec par exemple l'Inde qui plaide en faveur d'une réforme du Conseil de sécurité de l'ONU, et la Chine renforçant son rôle à l'OMC.

28. Énergie et Ressources :

- Les BRICS sont des acteurs importants sur la scène énergétique mondiale, la Russie étant l'un des principaux exportateurs de gaz naturel et de pétrole, et la Chine l'un des plus grands consommateurs. Les dynamiques des marchés de l'énergie, les itinéraires des pipelines et les politiques énergétiques font tous partie intégrante de leurs relations extérieures.

- Les investissements dans les énergies renouvelables, tels que l'énergie solaire en Inde et les projets éoliens au Brésil, ainsi que la nécessité de garantir l'accès à des ressources clés telles que les terres rares, sont tous des aspects qui imprègnent la politique étrangère des BRICS et influencent les relations avec d'autres pays et blocs régionaux.

29. Mondialisation vs Nationalisme :

- L'équilibre entre les tendances à la mondialisation et les poussées nationalistes est un autre élément clé de la politique étrangère des BRICS. Par exemple, tandis que la Chine a souvent promu un récit de mondialisation, dans le contexte du nationalisme économique, la Russie a poursuivi une forme de nationalisme politique sur la scène internationale.

- Cette dichotomie entre ouverture et isolationnisme, coopération et unilatéralisme, influence non seulement les politiques nationales, mais aussi les interactions mondiales des BRICS, créant souvent des scénarios complexes et contradictoires dans leurs relations internationales.

30. Droits de l'Homme et Démocratie :

- Les BRICS présentent un tableau varié en ce qui concerne le respect des droits de l'homme et des principes démocratiques. Alors que des pays comme le Brésil et l'Afrique du Sud ont une histoire de transition démocratique, la Chine et la Russie sont souvent critiquées pour leur approche autoritaire.

- Les différences dans les systèmes politiques et les normes en matière de droits de l'homme représentent souvent un obstacle dans les relations avec d'autres pays et influencent la capacité des BRICS à se présenter comme un front uni sur diverses questions internationales.

31. Migration et Réfugiés :

- Les flux migratoires et les questions liées aux réfugiés sont des thèmes critiques dans les relations internationales des BRICS. L'Inde a dû relever d'importants défis liés aux crises des réfugiés avec ses pays voisins, tandis que le Brésil a connu d'importants flux migratoires en provenance du Venezuela.

- La gestion de la migration, tant interne qu'internationale, et les réponses aux crises des réfugiés touchent divers aspects des politiques des BRICS, y compris le développement, la sécurité, et les relations avec les pays voisins et la communauté internationale.

Ces aspects offrent un regard à travers lequel observer la complexité des relations internationales des BRICS, où les politiques nationales, les tendances mondiales et les spécificités régionales convergent dans une matrice complexe et souvent contradictoire. La navigation à travers ces différents thèmes et dynamiques, parfois conflictuels, offre un paysage riche et varié qui nécessite davantage de recherches et d'analyses détaillées pour comprendre pleinement le rôle et l'impact des BRICS dans le contexte mondial actuel.

Conclusion sur les Relations Internationales et les BRICS : Alors que les BRICS continuent d'émerger en tant que puissances significatives sur la scène mondiale, leurs interrelations et leurs relations avec d'autres acteurs mondiaux demeurent un ensemble multicouche de collaboration, de compétition et parfois de conflit. Leurs trajectoires en matière de politique étrangère sont fortement influencées par leurs identités nationales respectives, leurs aspirations mondiales et la dynamique géopolitique et géoéconomique contemporaine. Dans un monde qui évolue rapidement et marqué par une polarisation croissante et de nouveaux défis mondiaux tels que les changements climatiques, les pandémies et les crises de réfugiés, la coalition des BRICS incarne une réalité unique, enracinée dans ses propres contradictions et disparités internes, mais riche en potentiel pour façonner l'avenir de l'ordre mondial.

- **Rôle dans les Organisations Internationales :**

  - Les BRICS, tout en maintenant une attitude critique à l'égard de l'ordre international existant et de ses institutions, sont profondément impliqués dans les dynamiques des principales organisations mondiales et régionales, contribuant activement à la création de normes mondiales et au développement de nouvelles plateformes et forums multilatéraux.

- **Ressources Naturelles et Durabilité :**

  - Les questions liées à l'accès et à la gestion des ressources naturelles, ainsi que les défis liés à la durabilité et aux changements climatiques, façonnent non seulement les politiques nationales des BRICS, mais influencent également leur interaction avec le reste du monde, encourageant un dialogue entre développement économique, sécurité énergétique et durabilité environnementale.

- **Gouvernance Globale et "Soft Power" :**

  - En ce qui concerne la gouvernance mondiale et l'exercice du "soft power", les BRICS se posent en alternative en proposant des modèles et des pratiques reflétant leurs expériences et leurs visions spécifiques, affirmant ainsi une pluralité de voix et de choix politiques et économiques sur la scène mondiale.

- **Technologie et Cybersecurity :**

  - La pertinence croissante des questions liées à la technologie, à la numérisation et à la cybersécurité met en lumière l'importance stratégique de l'innovation et de la sécurité informatique dans les relations internationales des BRICS, avec des implications allant du développement économique à la sécurité nationale et à la protection des droits de l'homme.

- **Coopération vs Divergences :**

  - Bien que réunies par un intérêt commun à réexaminer l'ordre mondial, les divergences internes concernant des questions clés telles que la démocratie, la gouvernance et les alliances stratégiques mondiales représentent un point critique, pouvant à la fois affaiblir l'unité du bloc et générer de nouvelles formes de collaboration et de synergie entre les membres.

Le paysage des relations internationales des BRICS se profile donc comme un tissu complexe, où les ambitions de leadership mondial se mêlent à une gestion pragmatique des défis et des opportunités émergents. Le chemin vers un ordre mondial plus équitable et équilibré, prenant en compte les voix et les intérêts d'une gamme plus large d'acteurs, passe inévitablement par une compréhension plus profonde et nuancée de ces acteurs émergents et de leur impact sur les mécanismes de la politique mondiale.

Dans cette optique, une analyse plus détaillée et inclusive des relations internationales des BRICS nécessite une approche allant au-delà de la simple dynamique de la puissance et tenant compte d'une pluralité de facteurs et de dimensions, notamment les aspirations de la société civile, les dynamiques régionales, et le rôle des normes et des idées dans la configuration de la politique étrangère et des interactions mondiales.

La compréhension de leur rôle et de leur impact ne peut faire abstraction d'une analyse tenant compte de la complexité et de la multidimensionalité des facteurs en jeu, offrant ainsi un cadre plus riche et différencié des trajectoires futures possibles pour les BRICS et pour le système international dans son ensemble.

5. Nouvel Ordre Mondial • Définition et concepts clés du nouvel ordre mondial :

Le concept de "Nouvel Ordre Mondial" est extrêmement vaste et peut être analysé sous de multiples perspectives. En termes généraux, il fait référence à une phase ou à une vision d'un système international renouvelé, caractérisé par des dynamiques, des règles et des acteurs différents de ceux traditionnels. Voici quelques points clés qui peuvent servir de points de départ pour une exploration et une discussion approfondies sur ce sujet :

1. Définitions et Interprétations :

- Comprendre les diverses définitions et interprétations du "Nouvel Ordre Mondial" sous différentes angles et théories internationales.

- Analyser les changements post-Guerre froide, le déclin du bipolarisme et la montée de la multipolarité en toile de fond de l'émergence de nouveaux acteurs et dynamiques sur la scène internationale.

2. Polarité du Pouvoir Mondial :

- Analyser le passage d'un ordre unipolaire/multipolaire à des scénarios alternatifs et ce que cela implique en termes d'équilibre du pouvoir mondial.

- Examiner le rôle des États-Unis, de la Chine et d'autres centres de pouvoir émergents dans la formation de la nouvelle architecture globale.

3. Institutions et Gouvernance Globale :

- Explorer le rôle des institutions existantes (comme l'ONU, le FMI, la Banque mondiale) et leur adaptation aux évolutions des dynamiques mondiales.

- Évaluer l'émergence de nouvelles institutions et plates-formes multilatérales, telles que les BRICS, et leur impact sur la gouvernance mondiale.

4. Économie et Mondialisation :

- Évaluer comment les tendances de la mondialisation et l'ascension de nouveaux acteurs économiques ont contribué à reconfigurer l'économie mondiale.

- Analyser comment le nouvel ordre mondial aborde des questions telles que l'inégalité, l'accès aux ressources et la gestion des crises économiques.

5. Sécurité et Conflits :

- Examiner comment les questions de sécurité sont abordées dans ce nouveau contexte : menaces non conventionnelles, guerres asymétriques, terrorisme, cybersécurité, etc.

- Enquêter sur les conflits et les tensions existants et potentiels entre les différentes puissances mondiales et régionales.

6. Technologie et Information :

- Analyser le rôle des nouvelles technologies et des médias numériques dans la formation de la politique, de l'économie et de la société à l'échelle mondiale.

- Explorer les questions de cybersécurité, d'espionnage industriel et de guerre de l'information dans le nouvel ordre mondial.

7. Droits de l'Homme et Démocratie :

- Explorer le rôle de la promotion des droits de l'homme et de la démocratie dans le nouvel ordre mondial.

- Analyser comment différents régimes politiques et idéologies coexistent et interagissent à l'échelle internationale.

8. Environnement et Durabilité :

- Examiner comment les défis environnementaux, le changement climatique et les questions de durabilité sont intégrés dans les politiques mondiales.

- Analyser comment les stratégies de développement durable se croisent avec les dynamiques économiques et politiques mondiales.

Ces thèmes ne représentent que quelques-uns des aspects cruciaux pour explorer la complexité du concept de "Nouvel Ordre Mondial". Chacun de ces points pourrait être développé davantage, en incluant des études de cas détaillées, des analyses comparatives et des approfondissements théoriques pour fournir une vue d'ensemble complète et nuancée de la question. De plus, l'interconnexion entre ces différents thèmes nécessitera une analyse capable de saisir la complexité des interdépendances mondiales dans ce contexte international émergent.

Aspects Socio-Culturels et Idéologiques du Nouvel Ordre Mondial

9. Identité et Nationalisme :

- Examiner l'interaction entre la mondialisation et les identités nationales, en étudiant comment le nationalisme se manifeste dans le contexte du nouvel ordre mondial.

- Analyser comment les nouvelles alliances et les conflits mondiaux influencent la construction des identités au sein des nations et comment cela peut affecter la géopolitique mondiale.

10. Mouvements Sociaux :

- Évaluer le rôle des mouvements sociaux mondiaux, tels que ceux pour la justice sociale, économique et environnementale, au sein des dynamiques du nouvel ordre mondial.

- Explorer comment ces mouvements peuvent influencer la politique internationale et sur quelles plates-formes mondiales ils opèrent.

11. Culture et Soft Power :

- Approfondir le concept de "soft power" et comment la culture et les valeurs sont utilisées par les États et les entités non étatiques pour exercer leur influence à l'échelle mondiale.

- Examiner les implications de la diffusion culturelle et de la compétition entre différentes "cultures" ou "civilisations" dans le nouveau contexte mondial.

12. Religion et Géopolitique :

- Analyser le rôle des religions et des identités religieuses dans la formation des dynamiques internationales, y compris les conflits, les alliances et les politiques étrangères.

- Explorer la tension entre les principes séculaires et religieux dans la gouvernance mondiale et locale.

Aspects Juridiques et Normatifs

13. Droit International :

- Évaluer comment le droit international s'adapte et est mis en œuvre dans le nouvel ordre mondial, en considérant des thèmes tels que la souveraineté, le droit humanitaire et le droit de la mer.

- Examiner les mécanismes juridiques existants et potentiels pour la résolution des conflits et la gestion des litiges internationaux.

14. Normes et Standards :

- Analyser comment les normes et les standards mondiaux (par exemple, en matière de droits de l'homme, d'environnement, de technologie, etc.) sont établis, mis en œuvre et respectés.

- Explorer comment les différentes visions et valeurs mondiales convergent dans la création de normes internationales.

Aspects Sanitaires et Scientifiques

15. Santé Globale :

- Examiner comment les questions de santé mondiale, telles que les pandémies et la santé publique, sont gérées et comment elles influencent la stabilité et la coopération internationale.

- Analyser les implications des crises sanitaires mondiales sur la politique, l'économie et la société à l'échelle internationale.

16. Science et Innovation :

- Examiner le rôle de la science et de l'innovation technologique dans la formation du nouvel ordre mondial, y compris les questions éthiques, légales et sociales qui en découlent.

- Évaluer comment la concurrence et la collaboration scientifique et technologique sont intégrées dans les stratégies nationales et internationales.

Dynamiques Régionales et Sous-Régionales

17. Intégration Régionale :

- Analyser les dynamiques et les impacts des formations et intégrations régionales (par exemple, l'UE, l'ASEAN, le MERCOSUR) dans le contexte mondial plus large.

- Examiner comment ces blocs régionaux influencent et sont influencés par le nouvel ordre mondial.

18. Conflits et Coopération à Niveau Régional :

- Étudier comment les conflits et la coopération à niveau régional et sous-régional se développent et interagissent avec les dynamiques mondiales.

- Évaluer les dynamiques entre les puissances régionales et les acteurs non étatiques (comme les organisations terroristes ou les cartels de la drogue) dans la formation de l'ordre local et mondial.

Interconnexions et Résonances Globales

19. Transnationalisme :

- Explorer le rôle des acteurs transnationaux, tels que les multinationales et les ONG, dans la création, l'influence et le défi de l'ordre mondial.

- Analyser comment ces entités coopèrent et entrent en conflit avec les États et les institutions internationales.

20. Casus Belli et Pacification :

- Enquêter sur la manière dont les causes des conflits changent, persistent ou évoluent dans le nouvel ordre mondial.

- Examiner les mécanismes et les outils de pacification et de stabilisation après les conflits et leur applicabilité dans différents contextes.

Chacun de ces sujets nécessite un développement approfondi et une discussion critique basée sur des théories, des données empiriques, des exemples concrets et une analyse des scénarios. Le potentiel pour explorer chacun de ces sujets est vaste et nécessitera une recherche et une analyse approfondies pour fournir une compréhension claire et multidimensionnelle du "Nouvel Ordre Mondial".

Le concept du "Nouvel Ordre Mondial" est complexe et polymorphe, nuancé par les différentes perspectives géopolitiques et socioculturelles qui le traversent. Tout d'abord, il est essentiel d'examiner les conceptions idéologiques qui dessinent l'idée du nouvel ordre mondial : comprendre comment différents acteurs, États et non-États, le perçoivent et comment ils le concrétisent dans leurs agendas politiques et stratégiques.

L'un des aspects clés qui mérite d'être exploré davantage concerne l'équilibre du pouvoir mondial. Dans un contexte où les équilibres mondiaux évoluent, l'émergence des puissances BRICS (Brésil, Russie, Inde, Chine, Afrique du Sud) fournit un point focal intéressant pour analyser comment les nouvelles dynamiques de pouvoir redéfinissent les relations internationales. L'influence croissante de ces pays a généré de nouvelles alliances, non seulement entre eux, mais aussi avec d'autres nations émergentes, et a stimulé de nouvelles dynamiques au sein des institutions internationales telles que les Nations Unies, le Fonds monétaire international et la Banque mondiale.

À un niveau plus large, le nouveau ordre mondial peut être vu à travers le prisme de "l'Occident contre le Reste". Le terme "Occident" ici peut être compris comme une construction qui représente non seulement une localisation géographique, mais aussi un ensemble de valeurs, de normes et de systèmes politiques et économiques, souvent perçus en opposition ou en concurrence avec d'autres "civilisations" ou systèmes politico-économiques. L'influence croissante de pays tels que la Chine, avec son modèle d'autoritarisme capitaliste, ou la Russie, avec son approche assertive de la géopolitique, remet en question la prédominance précédente des nations occidentales et de leurs idéologies libérales.

Un autre élément méritant d'être exploré est le rôle des technologies émergentes et de l'innovation dans la configuration du nouvel ordre mondial. La course à la domination technologique dans des domaines tels que l'intelligence artificielle, la biotechnologie et la technologie spatiale est essentielle pour gagner un avantage en termes de puissance douce et dure sur la scène mondiale. Les nations BRICS investissent massivement dans ces domaines pour garantir leur place dans le futur paysage géopolitique mondial.

D'autre part, les questions environnementales et climatiques offrent un autre prisme à travers lequel observer les transformations de l'ordre mondial. L'urgence croissante des défis climatiques mondiaux, combinée aux ambitions de développement durable, façonne de nouvelles alliances et génère de nouveaux conflits. La gestion des ressources naturelles, l'accès et le contrôle de celles-ci, ainsi que les stratégies d'atténuation et d'adaptation aux changements climatiques, deviennent toutes des dimensions cruciales à travers lesquelles les nations cherchent à naviguer et à négocier leur place dans le système international.

De plus, il est essentiel d'observer comment les identités nationales et les questions liées à l'identité influencent la perception et la participation au nouvel ordre mondial. Les politiques intérieures, les orientations idéologiques et la construction de l'identité nationale d'un pays contribuent grandement à définir comment celui-ci se positionne et interagit avec les autres acteurs mondiaux. Cela peut à son tour être utilisé pour examiner comment les nations BRICS utilisent leur influence croissante pour redéfinir les récits et les structures du pouvoir mondial.

Le discours sur le nouvel ordre mondial et le rôle des BRICS nous amène inévitablement à considérer le contexte socio-économique mondialisé et le système de gouvernance mondiale. Un élément critique dans cette perspective concerne la manière dont la mondialisation et ses dynamiques influencent à la fois les puissances établies et émergentes. Par exemple, comment les nations BRICS naviguent-elles à travers le système économique mondial, qui, en partie, a été structuré et dirigé par des nations et des blocs de pouvoir déjà établis ? Et comment leurs stratégies de développement et d'industrialisation influencent-elles la redistribution de la richesse et du pouvoir à l'échelle mondiale ?

En outre, on ne peut pas négliger le rôle de la numérisation dans l'ordre mondial contemporain. L'ère numérique a imprégné tous les aspects de la société et de la gouvernance mondiale, influençant la politique, l'économie et la société tant au niveau national qu'international. La numérisation, à travers des phénomènes tels que l'espace cybernétique et la cybersécurité, a ouvert de nouveaux fronts de coopération et de conflit. Les nations BRICS ont manifesté un intérêt significatif pour le développement de technologies numériques, non seulement comme outils de progrès économique, mais aussi comme mécanismes pour influencer la géopolitique et assurer la sécurité nationale.

Parallèlement, la dimension socioculturelle du nouvel ordre mondial est tout aussi omniprésente et complexe. Les nations BRICS, avec leurs identités et leurs cultures uniques, interagissent avec le système international non seulement à travers l'objectif économique ou politique, mais aussi à travers la promotion et l'interaction de leurs cultures et de leurs valeurs. L'intersection entre la géopolitique et la culture, qui se manifeste souvent à travers le pouvoir doux, est essentielle pour comprendre comment les identités nationales sont projetées et perçues dans le contexte international.

Un autre point important concerne la question de la sécurité. Le concept de sécurité a connu une évolution significative, en particulier en ce qui concerne les défis posés par l'environnement numérique et les nouvelles dynamiques de pouvoir. Alors que les défis traditionnels en matière de sécurité tels que les conflits territoriaux et les rivalités géopolitiques demeurent pertinents, de nouvelles questions telles que la cybersécurité, la sécurité environnementale et la sécurité sanitaire mondiale ont pris une place prépondérante sur la scène internationale. La récente pandémie de COVID-19, par exemple, a mis en évidence la vulnérabilité du système mondial et l'importance de développer la résilience et la capacité de réponse face à des défis transversaux et interconnectés.

Il est également essentiel d'explorer la question de la légitimité et de l'efficacité des institutions internationales dans le cadre du nouveau ordre mondial. Comment les BRICS perçoivent-ils et interagissent-ils avec les institutions internationales existantes ? Comment cherchent-ils à les réformer ou à en créer de nouvelles afin de refléter et de soutenir leurs intérêts et leurs visions ? Ce sont des aspects clés qui définissent leur stratégie dans la formation d'un ordre mondial favorable à leurs intérêts.

Enfin, mais non moins important, les inégalités mondiales, tant entre les nations qu'à l'intérieur de celles-ci, jouent un rôle fondamental dans la détermination des dynamiques du nouveau ordre mondial. Comment les BRICS abordent-ils les questions d'inégalité et de justice sociale, tant au niveau national qu'international ? Et comment ces dynamiques influencent-elles leur position et leur stratégie dans le contexte mondial ? Leurs politiques intérieures et extérieures reflètent-elles et répondent-elles à ces problèmes critiques, créant ainsi de nouvelles dynamiques et tensions qui méritent une analyse approfondie dans le contexte du nouveau ordre mondial.

En approfondissant davantage la question du nouveau ordre mondial et de la position des BRICS au sein de celui-ci, il est essentiel de considérer le changement climatique et la durabilité environnementale comme des vecteurs essentiels de développement et de coopération internationale. La manière dont ces pays gèrent leurs engagements environnementaux et poursuivent des objectifs de durabilité a des répercussions profondes sur leur interaction avec la communauté internationale et sur leur profil de leader mondial.

Le changement climatique, par exemple, est un domaine qui concerne non seulement les questions écologiques, mais aussi les questions sociales, économiques et géopolitiques. Les implications des choix en matière de politiques énergétiques, de protection de la biodiversité et de gestion des ressources naturelles sont des aspects importants de la projection internationale des BRICS. La transition vers des sources d'énergie plus propres, l'adaptation aux changements climatiques et l'atténuation de leurs effets sont des questions qui chevauchent plusieurs secteurs, créant de nouvelles opportunités et défis pour ces pays.

En outre, la question des droits de l'homme et de la gouvernance démocratique constitue un autre élément à examiner dans le contexte des BRICS et du nouveau ordre mondial. La protection des droits de l'homme et la promotion de la démocratie sont des thèmes centraux dans le débat international, et les BRICS, avec leurs réalités et leurs approches diverses en matière de droits civils et politiques, contribuent de manière significative à définir et, dans certains cas, à redéfinir les récits et les pratiques à l'échelle mondiale. La manière dont ils abordent des questions telles que la liberté d'expression, les droits des minorités et la justice sociale non seulement influence leur position et leur réputation internationales, mais définit également les dynamiques internes et externes ainsi que les équilibres de pouvoir.

Il est également pertinent d'explorer comment la diplomatie des BRICS a évolué dans le contexte des dynamiques Sud-Sud et en relation avec les défis du développement. Les relations de coopération et de compétition entre les pays du Sud du monde présentent des dynamiques particulières qui méritent d'être analysées pour comprendre comment les BRICS naviguent dans ce contexte et cherchent à se positionner en tant que leaders dans les dynamiques Sud-Sud. L'aide au développement, les investissements dans les infrastructures, la coopération technologique et la solidarité politique sont autant d'aspects qui caractérisent le rôle des BRICS dans les relations Sud-Sud.

De plus, l'interaction des BRICS avec d'autres alliances et blocs régionaux et internationaux est essentielle pour comprendre comment ils se positionnent dans le paysage mondial. Leur façon de collaborer avec des organisations telles que les Nations Unies, le Fonds monétaire international, la Banque mondiale, ainsi qu'avec d'autres blocs et initiatives régionaux (comme l'Union européenne, l'ASEAN, la CELAC, etc.), façonne le contexte dans lequel leurs stratégies et leurs politiques prennent forme et sont mises en œuvre.

De plus, le rôle des BRICS dans les contextes de crise internationale et dans les processus de maintien de la paix et de consolidation de la paix a un impact considérable sur leurs dynamiques d'interaction et sur les perceptions à l'échelle mondiale. Comment se positionnent-ils dans les situations de conflit ? Quelle est leur approche de la résolution des crises et de la construction de la paix ? Ces questions sont cruciales pour comprendre la nature de leur engagement dans la gouvernance mondiale et pour analyser leur influence dans l'architecture internationale de la sécurité et de la paix.

Ces aspects, combinés à ceux précédemment discutés, contribuent à dessiner un tableau complexe et nuancé du rôle des BRICS dans le nouveau ordre mondial. Chaque dimension explorée ouvre de nouvelles possibilités d'analyse et de compréhension des dynamiques qui caractérisent le système international et les stratégies de ses acteurs principaux.

Explorant davantage le concept du Nouvel Ordre Mondial (NOM) et la position des BRICS dans ce contexte, il est nécessaire d'examiner un élément clé : la géopolitique des technologies émergentes et de l'innovation. L'innovation technologique, notamment dans les domaines de l'intelligence artificielle, de la biotechnologie, des énergies renouvelables et des technologies numériques, devient un terrain crucial où se joue la compétition mondiale. Les BRICS, qui possèdent collectivement une énorme capacité en termes de ressources humaines, de recherche scientifique et de potentiel de marché, jouent un rôle de plus en plus prédominant dans ce contexte.

Le discours sur la numérisation et l'innovation technologique a des implications profondes pour l'ordre mondial, suggérant même l'émergence d'une "nouvelle course aux armements technologiques", où les puissances mondiales et émergentes se disputent l'établissement de normes, de standards et d'architectures de gouvernance dans le cyberespace et les technologies émergentes. Les BRICS représentent un groupe hétérogène dans ce contexte, avec des membres comme la Chine qui sont des leaders mondiaux dans divers secteurs technologiques, tandis que d'autres pays membres cherchent à naviguer et à affirmer leurs propres intérêts et valeurs dans cet environnement en rapide évolution.

De plus, l'évolution du concept de sécurité, qui englobe désormais non seulement les menaces militaires traditionnelles, mais aussi des défis tels que les pandémies, la cybersécurité et les changements climatiques, exige une réévaluation des stratégies et des alliances. Les BRICS, par le biais de mécanismes tels que la Nouvelle Banque de Développement, cherchent à définir et à mettre en œuvre des approches collaboratives et solidaires pour faire face à ces menaces multidimensionnelles, reflétant ainsi leurs aspirations et leurs conceptions d'un ordre mondial plus juste et plus inclusif.

Un autre aspect clé est le concept de multilatéralisme et son évolution dans le contexte actuel. Les BRICS soutiennent un multilatéralisme qui reflète mieux les réalités et les équilibres de pouvoir du 21e siècle, un multilatéralisme qui prend en compte l'influence croissante d'acteurs non occidentaux et aspire à un système international plus équilibré et représentatif. Cela implique non seulement une participation active aux institutions multilatérales existantes, mais aussi la création et le soutien de nouvelles initiatives et plates-formes, comme la Banque de Développement BRICS déjà mentionnée, ainsi que d'autres initiatives multilatérales et plurilatérales.

La culture et la société sont tout aussi essentielles pour définir les positions mondiales des BRICS et leur rôle dans le nouvel ordre mondial. Les dynamiques sociales, culturelles et ethniques au sein de ces pays et la manière dont elles interagissent avec les politiques étrangères et mondiales, ainsi que les interactions entre la société civile, le secteur privé et le gouvernement, sont essentielles pour comprendre les motivations, les stratégies et l'impact des BRICS au niveau international. Les BRICS sont des foyers de riches diversités culturelles et sociales, et leurs identités nationales et leurs récits sont intrinsèquement liés à leur projection externe et à leur perception et interaction avec l'ordre mondial.

Enfin, l'éthique et les valeurs qui guident les politiques étrangères des BRICS et leur approche de la gouvernance mondiale sont cruciales pour décrypter leur agenda et leur trajectoire dans le nouvel ordre mondial. Étant un groupe non homogène avec différents systèmes politiques, valeurs et priorités, les BRICS offrent un terrain fertile pour explorer comment différentes notions de justice, d'équité, de développement et de sécurité se traduisent en politiques concrètes et en initiatives de coopération, et comment elles sont négociées et harmonisées au sein du groupe.

Ces aspects, ainsi que de nombreux autres, contribuent à créer un tableau complexe et nuancé du rôle des BRICS dans le contexte du nouvel ordre mondial, nécessitant une évaluation approfondie et multidimensionnelle qui tienne compte des nombreuses intersections et implications des différentes dynamiques en jeu. Le concept du Nouvel Ordre Mondial (NOM) est étroitement lié au contexte géopolitique et socio-économique mondial. En examinant le rôle des BRICS dans ce paysage, il est essentiel de considérer comment ces pays interprètent et influencent les changements en cours et, plus généralement, la restructuration de la scène internationale.

Dans ce contexte, l'importance des stratégies de soft power et de l'influence culturelle ne peut être sous-estimée. Les BRICS, chacun avec un patrimoine culturel distinct et significatif, utilisent de plus en plus leurs ressources culturelles comme des outils pour projeter le pouvoir et l'influence à l'échelle mondiale. Le cinéma, l'art, la musique et d'autres formes d'expression culturelle deviennent des moyens par lesquels ces pays communiquent leurs valeurs, leur histoire et leur vision du monde, cherchant ainsi à façonner les récits et les perceptions mondiaux.

Chaque membre des BRICS a développé, dans une certaine mesure, des stratégies de soft power pour rehausser son statut et renforcer ses agendas au niveau international. Par exemple, la Chine a étendu son réseau d'institutions culturelles et éducatives mondiales, tels que les centres Confucius, promouvant la langue et la culture chinoises à travers le monde. De même, le Brésil a utilisé son charisme culturel et sportif (pensons au football et au carnaval) pour renforcer sa marque à l'échelle internationale.

Lorsque l'on discute du NOM, il est également crucial de considérer le concept de "justice globale" et la manière dont les BRICS perçoivent et naviguent à travers ce concept en relation avec leurs intérêts et objectifs nationaux. Les pays BRICS ont souvent souligné la nécessité d'un ordre mondial plus juste et équitable, qui aborde les inégalités structurelles et offre des opportunités et une voix aux pays en développement.

La question du développement durable est un autre élément clé dans l'analyse des dynamiques BRICS-NOM. Les BRICS jouent un rôle central dans les débats sur le développement durable en raison de leur impact environnemental significatif et des défis auxquels ils sont confrontés en termes de développement et de croissance. La gestion des ressources naturelles, la transition énergétique et les politiques environnementales sont des thèmes critiques que ces économies émergentes doivent aborder, tant au niveau national que dans le cadre de leur agenda et de leurs responsabilités internationales.

La diplomatie du vaccin dans le contexte de la pandémie de COVID-19 est un autre exemple pertinent de la position des BRICS dans le nouvel ordre mondial. La pandémie a mis en évidence à la fois les divisions et les opportunités de coopération internationale. Des pays comme la Chine et la Russie ont utilisé la fourniture de vaccins comme un outil de diplomatie, cherchant à accroître leur influence et leurs partenariats grâce à la distribution de vaccins dans différentes régions du monde.

Il est également fondamental d'explorer les dimensions de la sécurité et de la défense dans le contexte BRICS-NOM. Comment les pays BRICS perçoivent-ils et font-ils face aux menaces à la sécurité, tant au niveau régional que mondial, et comment coordonnent-ils et coopèrent-ils sur ces questions, est vital pour comprendre leurs rôles et leurs influences dans le paysage mondial.

De plus, la nature et les dynamiques des coalitions et des alliances internationales sont essentielles pour dessiner les perspectives futures du NOM et de la position des BRICS en son sein. Dans un monde où les tensions entre les principales puissances mondiales sont en augmentation, les alliances et les partenariats sont redéfinis et évoluent.

Continuer à explorer et à sonder ces thèmes, ainsi que d'autres, offrira une compréhension approfondie et nuancée des moyens par lesquels les BRICS naviguent, façonnent et sont façonnés par le contexte du nouvel ordre mondial émergent.

L'analyse des BRICS et du Nouvel Ordre Mondial (NOM) nous amène à explorer davantage les facettes de la présence et de l'influence de ces pays sur la scène internationale. La technologie, la cybersécurité et la numérisation sont des aspects cruciaux à explorer lorsqu'il s'agit de la position de ces nations dans la géométrie globale du pouvoir.

Le rôle des BRICS dans l'ère numérique est particulièrement significatif dans un monde de plus en plus interconnecté. La Chine, par exemple, s'est positionnée comme une superpuissance numérique, investissant massivement dans des technologies telles que l'intelligence artificielle, la 5G et la blockchain. Son Initiative de la Ceinture et de la Route numériques vise à étendre son influence numérique à l'échelle mondiale, en connectant des infrastructures de télécommunication, en développant des projets de commerce électronique et de finance numérique, et en promouvant sa vision du cyberespace à l'échelle internationale.

L'Inde, avec une population très connectée et un secteur des technologies de l'information en croissance rapide, est également un acteur majeur dans le domaine numérique. Le pays fait face à des défis et des opportunités découlant de sa position en tant que l'une des plus grandes démocraties numériques, notamment des questions de protection des données, de gouvernance de l'internet et de numérisation de l'économie.

La Russie, avec son expertise en cybersécurité et sa présence active dans le cyberespace, joue un rôle influent dans le paysage mondial de la cybersécurité. Ses capacités en matière de cyber-renseignement et de cyber-défense sont pertinentes lorsqu'il s'agit des dynamiques du NOM et des tensions cyber-politiques à l'échelle mondiale.

Les cryptomonnaies et la finance numérique sont un autre sujet important qui entrelace les BRICS et le NOM. La Chine a lancé sa propre monnaie numérique, tandis que d'autres pays BRICS explorent activement les opportunités et les défis des technologies financières numériques et des cryptomonnaies. La numérisation des finances a le potentiel de restructurer l'économie mondiale, offrant de nouveaux mécanismes pour le commerce, l'investissement et la gouvernance économique.

Les questions liées à la justice sociale et à l'inégalité sont également cruciales lorsqu'il s'agit des BRICS et du NOM. Chaque membre des BRICS fait face à d'importantes inégalités, tant au niveau national qu'international. La lutte contre la pauvreté, la promotion de l'égalité des sexes et l'accès à l'éducation et à la santé sont des questions qui reflètent les agendas nationaux et influencent les positions internationales des pays BRICS.

La question du changement climatique est fondamentale. Les BRICS, avec l'Inde, la Chine et le Brésil parmi les plus grands pollueurs du monde, ont un rôle majeur à jouer dans la lutte mondiale contre le changement climatique. Leurs politiques énergétiques, leurs engagements internationaux et leurs stratégies de développement durable sont des composantes essentielles de leurs présences internationales et des dynamiques du NOM.

Les dynamiques démographiques et la gouvernance des flux migratoires sont d'autres aspects qui entrelacent les BRICS et le NOM. La gestion des migrations, qu'elles soient internes ou internationales, et les politiques démographiques des pays BRICS ont des implications pour le travail, le développement et la sécurité à la fois au niveau national et mondial.

Les stratégies diplomatiques et l'utilisation de la diplomatie publique et culturelle par les BRICS, ainsi que leurs récits nationaux et l'image qu'ils projettent à l'échelle internationale, sont essentiels pour comprendre comment ces nations influencent et sont influencées par le nouvel ordre mondial émergent.

Dans ce scénario complexe et multifacette, les BRICS continuent de naviguer, contribuant activement à façonner et à être façonnés par les dynamiques et les transformations du nouvel ordre mondial. En continuant à explorer ces thèmes interconnectés et d'autres, un tableau complexe et multivarié de la présence des BRICS dans le contexte international actuel et futur émerge.

Poursuivant l'analyse du Nouvel Ordre Mondial (NOM) et des BRICS, la réflexion se tourne en particulier vers le domaine de la sécurité internationale et de la géopolitique. Les BRICS, en raison de leur influence économique et politique croissante, sont de plus en plus des acteurs clés dans les dynamiques mondiales du pouvoir, et leur influence s'étend à des questions allant de la sécurité à la défense, des droits de l'homme au changement climatique.

Le défi de la gouvernance mondiale posé par les BRICS est mis en évidence par leurs tentatives d'équilibrer la promotion des normes et des institutions existantes avec l'introduction de nouvelles idées et plates-formes. Par exemple, la Banque de développement des BRICS représente une tentative de ces nations de créer une alternative aux institutions financières internationales existantes telles que le Fonds monétaire international et la Banque mondiale.

Le concept de souveraineté, en particulier dans le contexte du cyberespace et de la technologie de l'information, est fondamental lorsqu'il s'agit des BRICS et du NOM. La croissance de la numérisation et la transition vers une économie mondiale basée sur la connaissance entraînent la reformulation des normes, des politiques et des lois internationales. Les BRICS, avec leurs différentes capacités et approches de la technologie numérique et de la cybersécurité, influencent de manière significative la structuration du cyberespace mondial, la Chine et la Russie, par exemple, promouvant un concept de "souveraineté numérique".

Les concepts de paix et de sécurité sont tout aussi essentiels pour explorer la position des BRICS dans le NOM. La perception et la projection du pouvoir militaire, ainsi que l'approche de la résolution des conflits et de la médiation, mettent en évidence les philosophies fondamentales de ces États en matière de sécurité internationale. La coopération et la compétition dans des contextes tels que l'océan Indien et le Pacifique, ainsi que les aspects de la sécurité énergétique, représentent des domaines où les politiques et les stratégies des BRICS influencent profondément la géopolitique et les dynamiques de pouvoir mondiales.

La question des inégalités mondiales, tant entre les pays BRICS qu'entre les BRICS et d'autres nations, est un autre aspect crucial. L'équilibre entre la croissance économique et la durabilité, la lutte contre la pauvreté et l'inclusion sociale, constitue une dimension fondamentale de la présence mondiale des BRICS. Chaque pays membre fait face à des défis spécifiques et variés, mais la tension entre prospérité et égalité est un thème commun qui traverse leurs agendas nationaux et internationaux.

Les questions liées à l'innovation et au développement technologique sont essentielles pour comprendre comment les BRICS se positionnent dans le paysage mondial. La compétition, mais aussi la collaboration dans le domaine de la recherche et du développement, de l'intelligence artificielle, des biotechnologies et d'autres domaines de l'innovation technologique, seront déterminantes pour définir l'influence future de ces pays sur le NOM.

La dimension culturelle et sociale est un autre élément clé lorsque l'on examine le rôle des BRICS dans le contexte mondial. La promotion de la culture, des valeurs et des normes sociales par le biais de moyens tels que la diplomatie culturelle et les plateformes médiatiques est une composante essentielle de l'influence internationale.

Dans chaque contexte, les États BRICS se trouvent à naviguer dans un complexe mosaïque de défis et d'opportunités, recherchant des équilibres dynamiques entre leurs agendas nationaux et les engagements et pressions internationaux. Leurs trajectoires, influencées par des facteurs à la fois internes et externes, contribueront à définir non seulement les futurs parcours de développement de ces nations, mais aussi la forme et la substance du nouvel ordre mondial émergent dans un avenir proche.

Par exemple, la Chine est souvent perçue comme un acteur clé dans la formulation d'un nouveau paradigme du NOM. À travers des initiatives telles que l'Initiative Belt and Road (BRI), Pékin a cherché à redéfinir sa position dans la géopolitique mondiale, en mettant l'accent sur la coopération et la connectivité plutôt que sur la domination. La Chine cherche également à s'affirmer comme leader dans le dialogue mondial sur des questions telles que le changement climatique et la durabilité.

L'Inde, avec sa démocratie pluraliste et son économie en croissance rapide, représente un autre pôle vital au sein des BRICS. Le pays a activement poursuivi un agenda multilatéral, participant activement à des forums et à des initiatives internationales, et s'efforce d'équilibrer ses relations avec des acteurs clés tels que les États-Unis et la Chine. Le défi pour l'Inde est de naviguer habilement entre la coopération économique et les tensions géopolitiques, en particulier en ce qui concerne les frontières et la sécurité régionale.

La Russie, avec sa projection de puissance militaire et ses ressources énergétiques, joue un rôle crucial dans la détermination des dynamiques de pouvoir du NOM. Ses actions en Ukraine et en Syrie, ainsi que ses relations avec l'Europe et les États-Unis, continuent de façonner la sécurité et la stabilité de la politique internationale. La Russie est également un acteur actif dans l'Arctique, une région de plus en plus stratégique en raison des changements climatiques et des ressources naturelles inexploitées.

Le Brésil, avec ses riches ressources naturelles et son économie diversifiée, cherche à équilibrer ses besoins de développement avec la responsabilité environnementale. La déforestation de l'Amazonie et l'équilibre entre l'agriculture, l'industrie et la durabilité demeurent des questions cruciales pour la position du Brésil dans le NOM, ainsi que ses politiques sociales et la gestion de la diversité et des inégalités à l'intérieur du pays.

L'Afrique du Sud, qui représente un point de référence pour le continent africain au sein des BRICS, fait face à des défis tels que l'inégalité, la pauvreté et la nécessité de réformes structurelles. Le pays joue un rôle clé dans la promotion de la stabilité et du développement en Afrique et cherche à équilibrer cela avec sa position et ses engagements dans le contexte mondial plus large.

Tous ces aspects, des défis nationaux à la participation à des forums et organismes internationaux, des relations bilatérales aux engagements multilatéraux, de la gouvernance économique à la promotion des droits de l'homme et du développement durable, constituent les briques avec lesquelles les BRICS construisent leur rôle dans le NOM, cherchant constamment à reformuler et à renégocier leur place au sein des dynamiques mondiales de pouvoir et de coopération.

En abordant davantage le concept du Nouvel Ordre Mondial (NOM) et le rôle des BRICS, il est évident l'importance d'approfondir les stratégies, les objectifs et les méthodologies utilisées par ces pays pour naviguer à travers le réseau complexe des relations internationales et les défis posés par la géopolitique mondiale. Les BRICS ne sont pas seulement un agrégat économique ; ils représentent une coalition où chaque membre apporte ses propres ressources, ses défis et ses aspirations.

Le NOM n'est pas un concept statique et monolithique. Il est façonné et continuellement redéfini par la nature changeante des équilibres de pouvoir, des idéologies, des politiques et des économies des pays protagonistes. Les BRICS, chacun avec son propre agenda et sa vision du monde, cherchent à influencer le NOM de manière unique et diversifiée.

Par exemple, la Chine a mis en œuvre une stratégie de "diplomatie du piège de la dette", finançant d'importants projets d'infrastructure dans les pays en développement, créant ainsi une dépendance financière tout en renforçant son influence géopolitique. Son initiative "Belt and Road" vise à renforcer et à diversifier les routes commerciales, tout en réduisant sa dépendance à l'égard de celles contrôlées par les puissances occidentales.

De son côté, l'Inde cherche à accroître sa puissance et son influence à la fois dans la région de l'Asie du Sud et dans le contexte mondial. Le pays a entrepris des initiatives pour renforcer sa présence maritime, améliorer ses relations avec ses voisins de l'Asie du Sud et établir des partenariats avec d'autres grandes puissances. La diplomatie indienne évolue dans un contexte complexe, où elle doit équilibrer la compétition avec la Chine et le Pakistan avec la construction de relations solides avec les États-Unis, la Russie et l'Union européenne.

La Russie a poursuivi une politique étrangère qui entre souvent en contradiction avec celle de l'Occident. L'annexion de la Crimée en 2014 et le soutien à des régimes tels que la Syrie témoignent d'une divergence claire par rapport aux politiques occidentales. La Russie utilise ses ressources énergétiques comme instrument d'influence politique, tout en cherchant simultanément à diversifier ses alliances et partenariats commerciaux, en incluant à la fois des acteurs extérieurs tels que la Chine et d'autres membres des BRICS.

Le Brésil a oscillé entre une politique étrangère orientée vers le multilatéralisme et des périodes de focalisation sur ses intérêts nationaux. La protection de ses immenses ressources naturelles, ainsi que le développement économique et social, constituent un défi constant. Le Brésil cherche souvent à équilibrer sa croissance économique avec la nécessité de protéger et de préserver l'Amazonie, un sujet qui a suscité des tensions tant au niveau national qu'international.

L'Afrique du Sud a joué un rôle de leadership dans le développement et l'intégration de l'Afrique. À travers l'Union africaine et d'autres forums régionaux, l'Afrique du Sud tente de traiter des questions telles que la sécurité, le développement durable et la coopération économique, tout en faisant face à des défis internes tels que les inégalités économiques, les problèmes sociaux et la nécessité d'une croissance stable et inclusive.

En explorant ces aspects, il est évident que les BRICS sont à la fois des collaborateurs et des rivaux, à la fois au niveau bilatéral et dans le contexte multilatéral du NOM. Le défi à l'avenir sera de naviguer à travers ces dynamiques, de gérer les tensions et de construire un dialogue qui favorise non seulement les intérêts nationaux, mais aussi une coopération et un développement mondiaux durables. Dans ce cadre, le concept de NOM continue d'évoluer, influencé par les trajectoires et les interactions de ces acteurs importants sur la scène mondiale.

Le concept du Nouvel Ordre Mondial, étant aussi élastique que complexe, dépasse les seules constructions géopolitiques ou économiques pour pénétrer dans les sphères de l'idéologie, de la culture et de la normativité internationale. Sa réalisation, ou même simplement sa configuration, varie considérablement en fonction des lentilles à travers lesquelles il est observé : le capitalisme occidental, le socialisme, l'autoritarisme ou la théorie du développement du Sud global auront chacun une vision différente de ce que le NOM représente ou devrait représenter.

Contrairement à une entité occidentale monolithique, les BRICS offrent une palette d'approches envers la mondialisation, la souveraineté, la démocratie, le développement et la sécurité internationale. Cette diversité, à la fois en termes de défis internes et d'objectifs externes, représente à la fois une opportunité et un défi pour la configuration d'un nouvel ordre mondial émergent.

La dynamique du Nouvel Ordre Mondial sera largement définie par la manière dont les puissances des BRICS négocieront leurs relations bilatérales et multilatérales avec l'Occident, ainsi qu'entre elles. L'articulation de leurs agendas nationaux avec les attentes et les pressions internationales jouera un rôle clé dans ce contexte.

La Chine, avec son immense poids économique et sa présence militaire croissante, continuera à représenter un facteur clé de changement dans le NOM, cherchant à remodeler les normes et les institutions mondiales en faveur d'un système qui reflète mieux ses intérêts et ses valeurs nationales. Sa relation avec l'Inde, en particulier, sera cruciale, car les deux nations aspirent à une plus grande influence mondiale, mais sont également enlisées dans des problèmes régionaux et des questions de sécurité bilatérales non résolues.

L'Inde, quant à elle, évoluera dans une position d'équilibre entre l'adhésion à un ordre libéral basé sur des règles et la nécessité de gérer une relation complexe et parfois conflictuelle avec la Chine. Son adhésion aux principes démocratiques la place dans un contexte unique parmi les BRICS, qui ont souvent tendance vers un autoritarisme d'État ou une démocratie illibérale.

La Russie, isolée par les sanctions occidentales et poussée vers un plus grand autoritarisme intérieur et un activisme extérieur, navigue entre la nécessité de coopérer avec la Chine et l'Inde et la protection de ses propres intérêts dans les anciennes républiques soviétiques, une région qu'elle considère comme d'une importance vitale pour sa sécurité nationale.

Le Brésil et l'Afrique du Sud, tous deux des puissances régionales confrontées à d'importants défis internes, joueront un rôle clé dans la définition de la manière dont le Sud du monde, en particulier l'Afrique et l'Amérique latine, se positionnera dans le contexte du NOM. Leur capacité à équilibrer le développement économique interne, la durabilité environnementale et les attentes de la communauté internationale définira leur influence et leur leadership non seulement dans leurs régions respectives, mais aussi dans le contexte plus large du NOM.

En conclusion, le NOM et le rôle des BRICS en son sein seront fortement influencés par les dynamiques internes et externes de ces pays, par leurs interactions mutuelles et par leurs relations avec les autres puissances mondiales et régionales. Un mélange de coopération et de conflit, de convergence et de divergence d'intérêts et de valeurs, façonnera la scène mondiale dans les années et les décennies à venir. La profondeur et la substance du discours et de l'analyse sur ces questions seront donc essentielles pour comprendre et naviguer dans le paysage complexe et en évolution du futur ordre mondial.

6. Impact des BRICS sur le Nouvel Ordre Mondial

Les BRICS, en tant que collectif et en tant qu'acteurs individuels, sont d'une importance cruciale dans la formation du Nouvel Ordre Mondial (NOM), non seulement en raison de leur puissance économique, mais aussi en raison de leur poids géopolitique et de leurs politiques étrangères.

A. **Signification Économique Globale**

1. **Influence Économique**: La somme des économies des BRICS est significative à l'échelle mondiale, et les décisions économiques prises par ces pays ont souvent des répercussions bien au-delà de leurs frontières.

2. **Investissements Directs**: Les BRICS sont à la fois une source et une destination de flux importants d'investissements directs étrangers, contribuant à établir des liens économiques avec diverses régions du monde.

3. **Commerce**: L'augmentation du commerce intra-BRICS et avec d'autres nations influence les dynamiques commerciales mondiales, créant de nouvelles routes et modifiant les équilibres existants.

B. **Contribution à la Gouvernance Globale**

1. **Institutions Multilatérales**: La participation des BRICS, parfois la contestation, aux institutions multilatérales existantes souligne leur désir de réformer la gouvernance mondiale.

2. **Création de Nouvelles Plateformes**: La création de nouvelles plateformes et institutions,

comme la Banque de Développement des BRICS, indique un intérêt pour la création d'alternatives aux mécanismes occidentaux traditionnels.

C. **Approche de la Souveraineté et de l'Interventionnisme**

1. **Principe de Non-Ingérence**: L'engagement commun envers le principe de non-ingérence dans leurs affaires intérieures informe également leur approche des questions internationales.

2. **Réponse aux Conflits**: La position des BRICS par rapport aux conflits et aux crises internationales est souvent opposée à celle des puissances occidentales, offrant des alternatives ou s'opposant aux solutions proposées.

D. **Dynamiques Régionales et Bilatérales**

1. **Relations Bilatérales**: Les relations bilatérales entre les membres des BRICS et d'autres nations influencent les alliances et les conflits à l'échelle mondiale.

2. **Leadership Régional**: La manière dont les BRICS influencent et gèrent leurs régions respectives détermine également l'évolution du pouvoir mondial.

E. **Questions de Sécurité Globale**

1. **Politique de Sécurité**: Les BRICS sont essentielles pour traiter des questions de sécurité telles que la prolifération nucléaire, la cybersécurité et le terrorisme.

2. **Coopération Militaire**: La coopération militaire intra-BRICS et avec d'autres nations peut influencer les équilibres de pouvoir et établir de nouvelles coalitions de sécurité.

F. Défis Environnementaux et Climatiques

1. **Changement Climatique**: En raison de leur ampleur, les politiques environnementales adoptées par les BRICS sont essentielles pour façonner les efforts mondiaux contre le changement climatique.

2. **Durabilité**: La croissance économique des BRICS soulève des questions sur la durabilité et l'équilibre entre le développement et la préservation de l'environnement.

Les BRICS, en raison de leur remarquable diversité en termes de systèmes politiques, de niveaux de développement économique et de profils de politique étrangère, façonnent le NOM de manière non uniforme et parfois contradictoire. Ils remettent en question le système sur certains aspects tout en le renforçant ou en cherchant à s'intégrer davantage dans d'autres.

Le NOM ne sera donc pas simplement le résultat des actions d'un acteur individuel ou d'un groupe d'acteurs, mais plutôt le résultat d'une série complexe et continue d'interactions, de compromis, de conflits et de coopérations entre les BRICS, les puissances occidentales et d'autres acteurs mondiaux et régionaux. Les défis futurs seront multiples, allant de la préservation de la stabilité économique à la gestion des conflits, en passant par la réduction des inégalités mondiales et internes, ainsi que la protection de l'environnement et la préservation de la biodiversité planétaire.

G. **Disparités et Développement Socio-Économique • Croissance et Inégalités**: La croissance économique des BRICS a apporté d'importants avantages, mais elle a également engendré des inégalités à la fois au sein des pays et entre eux, soulevant des questions sur l'équilibre entre l'expansion économique, la justice sociale et la réduction de la pauvreté. • **Migrations**: L'attrait économique et les opportunités dans les BRICS entraînent des migrations internes et internationales, influençant les dynamiques démographiques et sociales, qui à leur tour ont un impact sur les politiques et les relations internationales.

H. **Innovation et Compétitivité Globale • Technologie et Numérisation**: La révolution numérique et l'innovation technologique dans les

BRICS renforcent non seulement leurs économies, mais posent également de nouveaux défis en termes de réglementation, de sécurité et de compétitivité mondiale. • **Éducation et Recherche**: Les investissements dans l'éducation et la recherche sont cruciaux pour maintenir et accroître la compétitivité mondiale des BRICS, nécessitant une analyse approfondie de la manière dont ces domaines influencent et sont influencés par les dynamiques internationales.

I. **Questions Démographiques et Sociétales • Vieillissement et Jeunesse**: Les diverses nuances démographiques au sein des BRICS, telles que les sociétés vieillissantes et les jeunes populations, créent une matrice de défis et d'opportunités qui influencent les politiques intérieures et les relations extérieures. • **Culture et Identité**: La diversité culturelle et les questions d'identité au sein des BRICS sont importantes pour comprendre les trajectoires de la politique intérieure et comment elles se croisent avec la politique étrangère et les relations internationales.

J. **Politiques de Santé et Pandémies • Santé Globale**: Les BRICS jouent un rôle crucial dans les politiques de santé mondiales, et la gestion des crises sanitaires telles que la pandémie de COVID-19 souligne l'importance de la coopération et de la gouvernance sanitaire au niveau international. • **Accès et Innovation en Santé**: L'accès aux services de santé et les innovations dans le domaine médical influencent et sont influencés par les dynamiques économiques et politiques mondiales dans lesquelles les BRICS sont profondément impliquées.

K. Dynamiques de Pouvoir et Leadership • Soft Power: L'exercice du soft power par les BRICS, à travers la culture, les médias et les relations internationales, est un domaine qui mérite une analyse approfondie pour comprendre ses implications sur les dynamiques de pouvoir mondiales. • **Leadership International**: La manière dont les BRICS exercent leur leadership et influencent la réglementation internationale dans divers domaines, de l'environnement aux droits de l'homme, est fondamentale pour comprendre les trajectoires futures du NOM.

L. Ressources et Environnement • Gestion des Ressources: Les politiques et pratiques liées à la gestion des ressources naturelles dans les BRICS influencent non seulement leurs économies, mais aussi l'économie mondiale, avec des implications en termes de sécurité, de coopération et de conflit. • **Politiques Environnementales**: Les BRICS jouent un rôle central dans les dynamiques environnementales mondiales, et leur approche des politiques climatiques et environnementales sera cruciale pour faire face aux défis écologiques futurs.

Les BRICS, à travers toutes ces dimensions, sont des acteurs clés dans la formation des dynamiques mondiales, tant sur le plan économique que géopolitique. Leur croissance, leurs défis internes et la manière dont ils gèrent leurs politiques étrangères deviennent donc d'une importance vitale pour comprendre et analyser l'évolution du nouvel ordre mondial. Examiner chacun de ces domaines avec un regard critique et analytique permettra de mieux comprendre le rôle et l'impact des BRICS dans le contexte global plus large, en éclairant les scénarios futurs potentiels et les défis auxquels le monde sera confronté dans les années et les décennies à venir.

6. Impact des BRICS sur le Nouvel Ordre Mondial A. Multilatéralisme et Institutions Internationales • Interactions Institutionnelles:

Les BRICS, avec leur influence collective, interagissent avec, contestent et cherchent parfois à réformer les institutions internationales existantes telles que l'ONU, le FMI et la Banque mondiale pour refléter et accueillir leurs intérêts et priorités. • **Coopération Multilatérale**: Souvent, elles cherchent à équilibrer l'unilatéralisme de certaines puissances avec une coopération multilatérale renforcée, visant à une plus grande équité et représentation dans le système international.

B. **Coopération Sud-Sud • Liens Économiques et Politiques**: Les BRICS cherchent activement à développer et renforcer les liens économiques et politiques entre les pays du Sud du monde, offrant une contrepartie à la domination traditionnelle des puissances occidentales. • **Plateformes de Dialogue**: Elles créent et utilisent des plates-formes de dialogue et de coopération telles que le Sommet des BRICS pour promouvoir la collaboration Sud-Sud et faire progresser des agendas communs sur des questions mondiales. C. **Construction de Nouvelles Structures • Initiatives Économiques**: Les BRICS sont activement impliquées dans la construction de nouvelles structures et initiatives économiques, telles que la Nouvelle Banque de Développement, qui vise à offrir des alternatives de financement pour les projets de développement dans le monde en développement. • **Réseau d'Échanges**: Elles cherchent à établir des réseaux d'échanges et d'investissements qui peuvent diversifier leurs économies, réduire leur dépendance vis-à-vis des puissances occidentales et renforcer leur résilience économique mutuelle.

D. **Politique de Sécurité et de Défense • Stabilité Régionale**: Les BRICS sont activement impliquées dans la recherche du maintien et, dans certains cas, de la stabilisation des régions où elles sont situées, en relevant des défis tels que le terrorisme, la piraterie et les conflits régionaux. • **Coopération en Matière de**

Sécurité: Elles explorent également des domaines de coopération en matière de sécurité et de défense, équilibrant leurs politiques nationales de sécurité avec la nécessité de relever des défis collectifs et transnationaux.

E. **Stratégies d'Investissement et de Développement • Investissements Directs**: Les BRICS sont devenues des sources importantes d'investissements directs à l'étranger, influençant le développement économique dans de nombreuses régions grâce au financement d'infrastructures, à la création d'emplois et à l'augmentation du commerce. • **Influence Économique**: En investissant dans les pays en développement, elles renforcent également leur influence économique et politique, façonnant les dynamiques du pouvoir mondial et régional.

F. **Promotion des Valeurs et Normes • Modèles de Développement**: Les BRICS offrent des modèles alternatifs de développement et de gouvernance qui contrastent souvent avec ceux proposés par les démocraties libérales occidentales, remettant en question les paradigmes existants sur des questions telles que la gouvernance mondiale et le développement durable. • **Valeurs et Principes**: Tout en promouvant la non-ingérence et le respect de la souveraineté, les actions des BRICS reflètent également et influencent les normes mondiales émergentes, influençant les règles et les pratiques au niveau international.

G. **Changements dans le Commerce Mondial** • **Chaînes d'Approvisionnement**: Les BRICS influencent de manière significative les chaînes d'approvisionnement mondiales, non seulement en tant que producteurs et exportateurs importants, mais aussi en créant et en développant de nouveaux marchés et partenariats commerciaux. • **Nouvelles Routes Commerciales**: En investissant dans les infrastructures mondiales, telles que l'Initiative Ceinture et Route de la Chine, elles reconfigurent également les routes commerciales et les réseaux de transport, influençant l'économie mondiale et les dynamiques de pouvoir.

H. **Défis Mondiaux et Solutions** • **Changement Climatique**: En tant que certains des plus grands pollueurs et consommateurs de ressources, les BRICS sont au cœur des discussions et des actions concernant le changement climatique, et leurs politiques énergétiques et environnementales auront un impact significatif sur la capacité du monde à faire face aux crises écologiques futures. • **Santé Globale**: Après la pandémie de COVID-19, la gestion des crises sanitaires mondiales et l'accès aux biens publics mondiaux, tels que les vaccins, sont devenus centraux, et les politiques et actions des BRICS dans ces domaines seront cruciales pour façonner les futurs systèmes de santé mondiale.

À travers ces thèmes, l'impact des BRICS sur le Nouvel Ordre Mondial peut être examiné et compris sous une multitude de dimensions. Avec leur influence croissante et des dynamiques internes et externes complexes, les BRICS continuent de jouer un rôle clé dans la redéfinition des structures et des processus mondiaux, offrant de nouvelles voies et perspectives, mais présentant également de nouveaux défis et tensions qui nécessitent une analyse et une compréhension approfondies. Leur capacité à naviguer à travers ces dynamiques, à construire une cohésion interne et à gérer efficacement les relations externes sera fondamentale pour leur impact et leur rôle futurs dans le système international.

L'impact des BRICS dans le contexte du Nouvel Ordre Mondial reste profondément interconnecté avec différents aspects, notamment la politique technologique, la diplomatie culturelle et l'influence dans les forums internationaux.

Technologie et Innovation • Recherche et Développement: Le collectif BRICS met fortement l'accent sur la recherche et le développement, investissant dans des domaines tels que l'intelligence artificielle, la biotechnologie et les énergies renouvelables. Les innovations en provenance de ces pays, comme les progrès dans la production de vaccins et le développement de technologies vertes, ont un impact direct sur la communauté mondiale. • **Normes Cyber**: Dans le monde numérisé d'aujourd'hui, la gouvernance de l'internet et les normes cyber deviennent de plus en plus cruciales. En tant que marchés de consommateurs numériques massifs et acteurs importants dans la définition des normes de l'espace cybernétique, les BRICS exercent une influence considérable dans les discussions mondiales sur la sécurité informatique et la protection des données.

Diplomatie Culturelle • Soft Power: La diplomatie culturelle à travers le soft power est un autre moyen par lequel les BRICS cherchent à façonner le Nouvel Ordre Mondial. Qu'il s'agisse du cinéma bollywoodien, de l'art brésilien ou de la promotion de la langue russe, les efforts pour projeter le soft power renforcent non seulement leur influence culturelle, mais construisent également des ponts et créent des perceptions à travers les frontières. • **Éducation**: De plus, l'éducation et les échanges académiques offrent un autre moyen par lequel les BRICS construisent des connexions et influencent le discours mondial. Des universités comme Tsinghua en Chine ou l'IIT en Inde deviennent de plus en plus influentes dans l'éducation de la prochaine génération de leaders mondiaux.

Forums et Plateformes Mondiaux • Leadership Mondial: La présence des BRICS dans des forums mondiaux tels que le G20, l'OMC et d'autres espaces multilatéraux devient de plus en plus marquée. En utilisant ces plates-formes, elles sont en mesure d'influencer les décisions économiques mondiales et de façonner l'agenda sur des questions telles que le commerce international, la fiscalité numérique et la dette souveraine. • **Collaboration et Concurrence**: Alors que les BRICS collaborent dans certains forums et contextes, elles se trouvent également en situation de concurrence et de rivalité, à la fois entre elles et avec d'autres puissances mondiales. Cette dynamique dualiste de collaboration et de concurrence se reflète souvent dans la manière dont les BRICS cherchent à façonner et à répondre aux structures globales émergentes et aux défis.

Changements Démographiques et Sociaux • Dynamiques Démographiques: Les dynamiques démographiques au sein des BRICS, y compris les défis d'une population vieillissante dans des pays comme la Chine et la Russie, par opposition à l'explosion démographique dans des pays comme l'Inde, créent à la fois des opportunités et des défis. L'influence des BRICS et leur capacité à façonner l'ordre mondial sont étroitement liées à la gestion de leurs propres dynamiques démographiques et sociales internes. • **Questions Sociales**: L'attention portée à la justice sociale, à l'égalité et au développement inclusif au sein des BRICS se traduit également par une série de politiques et d'approches qui peuvent influencer les normes et les valeurs mondiales, ainsi que leur acceptation et la mise en œuvre d'accords internationaux et d'objectifs de développement.

Ressources Naturelles et Environnement • Sécurité des Ressources: Les BRICS, riches en ressources, jouent un rôle clé dans la gestion et l'utilisation durable des ressources naturelles, influençant les dynamiques mondiales liées à la sécurité des ressources, à la gestion de l'environnement et au changement climatique. • **Stratégies Environnementales**: L'adoption de technologies vertes et de stratégies d'atténuation du changement climatique, ainsi que leur engagement envers les Objectifs de Développement Durable des Nations Unies et les objectifs de l'Accord de Paris, auront un impact significatif sur les politiques environnementales mondiales et les dynamiques du développement durable à l'échelle mondiale.

Cette vue d'ensemble, bien qu'elle ne soit pas exhaustive, montre comment les BRICS influencent et sont influencées par le contexte plus large des dynamiques mondiales, en impactant la mise en place du Nouvel Ordre Mondial à travers divers canaux et mécanismes. Leur trajectoire et leurs décisions futures continueront d'être un facteur crucial dans la définition des tendances mondiales au cours des prochaines décennies.

Coopération en Matière de Santé La coopération dans le domaine de la santé entre les BRICS a augmenté, en particulier à la lumière de la pandémie de COVID-19. • **Gestion des Pandémies**: L'approche collective des BRICS dans la gestion des crises sanitaires, la production et la distribution de vaccins, ainsi que la collaboration dans la recherche scientifique, ont un impact sur la santé mondiale et la réponse aux pandémies.

Intégration Économique et Commerciale L'intégration économique et commerciale entre les BRICS est un autre aspect fondamental. • **Accords Commerciaux**: Le développement d'accords commerciaux bilatéraux et multilatéraux, ainsi que la manière dont les BRICS s'engagent avec d'autres économies émergentes et développées, contribueront à définir l'avenir de l'ordre économique mondial.

Lutte Contre la Corruption Les BRICS se sont également engagés collectivement et individuellement dans la lutte contre la corruption. • **Normes Anti-corruption**: L'adoption et la mise en œuvre de réglementations et de lois anti-corruption ont un impact non seulement au niveau national, mais aussi international, influençant la gouvernance mondiale et les normes dans les secteurs financiers et commerciaux.

Développement des Infrastructures Les BRICS investissent massivement dans le développement des infrastructures, un élément vital pour la croissance économique. • **Initiatives Infrastructurales**: L'Initiative Belt and Road de la Chine, les projets d'infrastructure en Inde et d'autres efforts similaires au Brésil, en Russie et en Afrique du Sud modifient non seulement le paysage physique de ces nations, mais aussi les dynamiques économiques et géopolitiques régionales.

Innovation dans le Secteur Financier • **Institutions Financières des BRICS**: La création d'institutions financières telles que la Nouvelle Banque de Développement (NBD) des BRICS est un exemple manifeste du désir du groupe de façonner l'architecture financière mondiale et de fournir des alternatives aux institutions dirigées par l'Occident.

Dans ces dynamiques se reflètent l'interconnexion et l'influence mutuelle des BRICS dans le contexte mondial, montrant comment leurs politiques internes et externes se croisent avec les défis et les opportunités du Nouvel Ordre Mondial. La capacité des BRICS à collaborer, à coordonner leurs politiques et à construire des solutions communes aux défis

mondiaux sera cruciale pour l'avenir de leur influence dans le contexte mondial.

Politiques Sociales et Inégalités • Inégalités Sociales: Au sein des BRICS, les inégalités de revenu, les inégalités sociales et les défis liés au genre et à l'ethnicité sont des problématiques importantes qui influent sur leurs politiques sociales et économiques intérieures, ainsi que sur leur approche de la coopération et du développement international.

Changement Démographique Les BRICS sont caractérisées par différentes tendances démographiques qui, à leur tour, influencent leurs politiques et leurs perspectives mondiales. • **Dynamiques Démographiques**: L'Inde, par exemple, se distingue par une population relativement jeune et une urbanisation rapide, tandis que la Chine fait face au vieillissement de la population en raison, en partie, de sa politique de l'enfant unique antérieure. Ces diverses dynamiques démographiques influencent les politiques intérieures et les perspectives de développement à long terme.

Sécurité Énergétique • Dépendance Énergétique: La sécurité énergétique et la dépendance aux combustibles fossiles, en particulier dans le contexte des changements climatiques et de l'évolution des énergies renouvelables, sont des questions centrales. La Russie est un exportateur net d'énergie, tandis que l'Inde est l'un des plus grands importateurs mondiaux de pétrole. Ces dynamiques ont un impact profond sur leurs politiques énergétiques et leur engagement dans la transition énergétique.

Culture et Soft Power • Influence Culturelle: Les BRICS cherchent également à étendre leur influence culturelle et leur soft power à l'échelle mondiale par le biais de divers moyens tels que les médias, la culture, l'éducation et la diplomatie publique, afin d'accroître leur impact et leur attrait sur la scène mondiale.

Diplomatie des Vaccins • Vaccination: La distribution des vaccins, particulièrement évidente pendant la pandémie de COVID-19, est devenue un outil diplomatique. La Chine et la Russie, par exemple, ont utilisé la fourniture de vaccins comme un instrument de diplomatie mondiale, cherchant à accroître leur influence dans des régions stratégiques.

Technologie et Cybersécurité • Guerre Cybernétique: À une époque dominée par la technologie et l'information, les BRICS explorent également le domaine cyber. La cybersécurité et la guerre cybernétique sont devenues des questions cruciales non seulement pour la sécurité nationale, mais aussi pour la stabilité économique et les opérations quotidiennes.

Tourisme et Échanges Culturels • Échanges Interculturels: Le tourisme et les échanges culturels entre les BRICS et d'autres nations représentent un autre mécanisme par lequel ces nations cherchent à accroître la compréhension mutuelle et à renforcer les liens à différents niveaux.

Coopération dans le Domaine Spatial • Exploration Spatiale: Les BRICS collaborent également dans le domaine spatial. Par exemple, la Chine et la Russie ont annoncé des plans conjoints pour construire une station spatiale lunaire.

Les BRICS, avec leurs défis et opportunités divers et complexes, continueront de jouer un rôle fondamental dans la définition des trajectoires futures du nouvel ordre mondial. La manière dont ils gèrent leurs défis internes et naviguent dans les dynamiques internationales déterminera non seulement leur destin, mais aura également un impact significatif sur la géopolitique et l'économie mondiale dans un proche avenir.

Impact des BRICS sur le Nouvel Ordre Mondial
Les BRICS, avec leur importance croissante sur le plan économique, politique et militaire, jouent un rôle de plus en plus prépondérant dans l'ordre mondial. Ce point pourrait être développé avec une attention particulière dans les sous-sections suivantes:

Impact Économique: Les BRICS sont une force motrice significative dans l'économie mondiale, avec une part importante dans le PIB mondial et les échanges commerciaux. L'expansion de leurs économies a influencé les dynamiques commerciales et financières internationales, déplaçant progressivement le centre de gravité économique mondial. Par exemple, la Chine est devenue la deuxième économie mondiale et un pilier essentiel de la croissance mondiale.

Leadership Politique: Les BRICS sont devenus plus audacieux dans l'exercice de leur influence politique et dans la manière dont ils façonnent la gouvernance mondiale. Leur coopération dans les forums multilatéraux et la formation d'alliances (comme l'organisation BRICS elle-même) ont créé de nouvelles plates-formes et véhicules pour l'action et l'influence politique mondiale.

Sécurité et Défense: Sur le plan militaire et de la sécurité, les BRICS renforcent leurs capacités de défense et de sécurité. Leur participation et leur engagement dans les conflits régionaux et les questions de sécurité mondiale, par exemple par le biais des missions de maintien de la paix des Nations Unies, redéfinissent de nouveaux équilibres de pouvoir.

Environnement et Durabilité: Les BRICS, en tant que l'un des plus grands émetteurs de gaz à effet de serre et ayant une empreinte écologique significative, jouent un rôle crucial dans les dynamiques environnementales mondiales. Leurs politiques et leurs engagements en matière de changement climatique et de durabilité sont essentiels pour l'avenir de la planète.

Technologie et Innovation: En termes de technologie et d'innovation, les BRICS sont à l'avant-garde du développement et de la mise en œuvre de technologies émergentes telles que l'intelligence artificielle et la biotechnologie, influençant les réglementations, l'éthique et les dynamiques concurrentielles mondiales.

Relations Internationales: Les relations entre les BRICS et d'autres puissances mondiales sont un autre aspect crucial. La manière dont les BRICS interagissent avec des nations telles que les États-Unis, l'Union européenne et d'autres puissances émergentes établit de nouvelles dynamiques et polarisations sur la scène internationale.

Défis et Opportunités: Les défis tels que les inégalités internes, les problèmes sociaux et les tensions politiques, ainsi que les opportunités telles que le potentiel de croissance économique et le développement technologique, définissent les trajectoires futures des BRICS et leur impact sur l'ordre mondial.

En conclusion, les BRICS, par le biais de leurs politiques, stratégies et interactions à l'échelle mondiale, façonnent le nouvel ordre mondial, influençant les dynamiques économiques, politiques et sociales à l'échelle mondiale. Leur collaboration, les tensions internes et les relations extérieures créent un réseau complexe de coopération et de compétition qui sera déterminant pour la forme future de la politique, de l'économie et de la société internationales. L'analyse et la compréhension des trajectoires, des stratégies et des dynamiques des BRICS sont essentielles pour décrypter et prévoir l'évolution du paysage mondial au XXIe siècle.

7. Technologie et Innovation dans les BRICS

Le rôle des BRICS (Brésil, Russie, Inde, Chine et Afrique du Sud) dans le développement technologique et l'innovation est particulièrement marquant et offre un paysage vaste et complexe à explorer, grâce à la diversité et aux spécificités de chaque membre. Voici différents aspects liés au rôle des BRICS dans le domaine technologique et de l'innovation à l'échelle mondiale.

A. Dynamiques de l'Innovation et du Développement Technologique Les BRICS jouent un rôle important dans le domaine de l'innovation technologique, avec une influence croissante à l'échelle mondiale.

1. Chine : Avec son industrialisation massive et la stratégie "Made in China 2025", le pays vise à devenir un leader dans de nombreux secteurs de haute technologie, notamment l'intelligence artificielle, la robotique, la technologie de l'information, les énergies renouvelables et les voitures électriques.

2. Inde : Connu pour son solide secteur des technologies de l'information et de l'innovation dans les services technologiques, l'Inde connaît une croissance rapide de son environnement de start-up et progresse dans les domaines de la biotechnologie, de l'espace et des énergies renouvelables.

3. Brésil : Il se distingue par sa recherche dans le domaine des énergies renouvelables, en particulier dans la production de bioéthanol et la recherche agricole avancée, tout en étant confronté à des défis en matière d'allocation de ressources en R&D.

4. Russie : Elle présente des points forts dans les secteurs aérospatial et nucléaire et cherche à

diversifier son économie en augmentant les investissements dans l'innovation et la technologie.

5. Afrique du Sud : Bien qu'elle soit confrontée à divers défis, le pays joue un rôle important dans le développement technologique du continent africain, en mettant l'accent sur les technologies de l'information, les énergies renouvelables et l'astronomie.

B. Collaboration et Concurrence Technologique Les BRICS collaborent et concurrencent simultanément dans le domaine de l'innovation et de la technologie, créant un réseau complexe de partenariats et de rivalités. • **Collaboration**: Il existe de nombreux exemples de collaborations entre les BRICS, notamment des initiatives communes de recherche et développement, des conférences scientifiques et des partenariats dans le domaine spatial. • **Concurrence**: La concurrence pour la domination dans des secteurs clés tels que l'intelligence artificielle et les télécommunications (comme la 5G) est palpable entre les membres des BRICS, en particulier entre la Chine et l'Inde.

C. Implications Mondiales de la Technologie et de l'Innovation des BRICS L'influence croissante des BRICS dans l'innovation et la technologie présente plusieurs implications mondiales : • **Économie**

Mondiale: L'innovation technologique au sein des BRICS influence les dynamiques économiques mondiales, offrant de nouvelles opportunités de marché et créant de nouveaux centres de production et de développement technologique. • **Sécurité Cybernétique**: Les compétences technologiques avancées impliquent également une capacité croissante à influencer le cyberespace, les BRICS devenant des acteurs importants dans la cybersécurité et la cyberguerre. • **Environnement**: Le développement de technologies vertes et de solutions innovantes pour le changement climatique par les BRICS peut avoir un impact significatif sur les dynamiques environnementales mondiales.

D. Défis et Opportunités Les BRICS font face à plusieurs défis liés à l'innovation, notamment la protection de la propriété intellectuelle, la promotion de la recherche et du développement, ainsi que la formation de talents scientifiques et technologiques. • **Opportunités**: Les BRICS peuvent exploiter leurs compétences et leurs ressources pour catalyser l'innovation, par exemple en favorisant les start-ups et en attirant des investissements étrangers. • **Défis**: Des questions telles que l'équité de l'accès à la technologie, la brevetabilité et l'éthique de l'innovation sont cruciales et représentent des défis significatifs.

En conclusion, les BRICS, avec leurs dynamiques particulières de développement technologique et d'innovation, façonnent non seulement leurs propres trajectoires de croissance, mais influencent également l'architecture technologique et innovante mondiale. Les équilibres entre collaboration et compétition, les défis internes et les implications mondiales de leur montée technologique forment un contexte riche et polyvalent, qui mérite une analyse approfondie et multidimensionnelle pour comprendre pleinement les futures dynamiques de l'innovation et de la technologie à l'échelle mondiale.

Élargissement de la Discussion sur la Technologie et l'Innovation au sein des BRICS

E. Numérisation et Secteur Technologique La numérisation a pris une place prépondérante dans les économies des BRICS, entraînant une transformation numérique qui touche divers secteurs. Par exemple, le lancement et l'adoption de technologies numériques au sein des BRICS ont influencé de manière significative les infrastructures existantes et le paysage socio-économique des pays membres. • **Fintech** : Le secteur financier technologique (Fintech) a connu un développement notable dans les pays BRICS, en particulier en Chine et en Inde, où l'avènement de plates-formes de paiement numérique, telles qu'Alipay et Paytm, a révolutionné les transactions financières et la culture du crédit. • **Commerce électronique** : Le secteur du commerce électronique est en expansion, avec des géants tels qu'Alibaba et Flipkart qui dominent les marchés locaux et commencent à faire des incursions à l'international.

F. Durabilité Technologique L'innovation technologique dans les pays des BRICS ne concerne pas seulement l'avancement technologique, mais aussi sa durabilité. • **Énergie** : Les technologies durables, en particulier celles liées aux énergies renouvelables, sont au cœur de la recherche et du développement. La Chine, par exemple, est l'un des principaux producteurs mondiaux de panneaux solaires. • **Véhicules électriques** : L'adoption et la production de véhicules électriques sont un autre domaine dans lequel les BRICS investissent considérablement, dans le but de réduire leur dépendance aux combustibles fossiles et de limiter les émissions de CO_2.

G. Écosystème des Start-up Le paysage des start-up dans les pays BRICS présente une diversité d'opportunités, mais aussi de défis.

• **Innovation Entrepreneuriale** : Bien que des centres tels que Bangalore et Shenzhen soient reconnus comme des pôles d'innovation, il subsiste des obstacles tels que la bureaucratie et l'accès au financement que les start-up doivent surmonter dans ces pays. • **Investissements** : La disponibilité de capitaux à risque, d'investisseurs providentiels et d'incubateurs a joué un rôle crucial dans l'alimentation de l'écosystème des start-up, bien que les dynamiques d'investissement varient considérablement entre les pays BRICS.

H. Inclusion Numérique et Disparités Malgré la numérisation rapide, une part considérable de la population dans les pays BRICS reste exclue des avantages de la révolution numérique.

• **Accès à la Technologie** : Les disparités dans l'accès à Internet et aux technologies numériques entre les zones urbaines et rurales constituent un problème persistant qui influe sur l'équité de l'innovation technologique.

• **Littératie Numérique** : L'alphabétisation numérique est un autre défi, avec une part significative de la population qui ne possède pas les compétences nécessaires pour naviguer dans le monde numérique.

I. Recherche et Développement (R&D) La recherche et le développement (R&D) sont des composantes fondamentales de l'innovation, et les pays BRICS cherchent à augmenter leurs investissements dans ce domaine.

• **Collaboration Internationale** : Il existe de nombreux exemples de collaboration en R&D, tant au sein du groupe des BRICS qu'avec d'autres pays et organisations internationales.

• **Brexit et Innovation** : Des pays comme l'Inde et la Chine ont exploré de nouvelles opportunités de collaboration en R&D avec le Royaume-Uni après le Brexit, créant de nouveaux canaux d'échange scientifique et technologique.

J. Biotechnologie et Santé Les BRICS explorent également le domaine des biotechnologies, avec un accent particulier sur la santé.

• **Vaccins** : La pandémie de COVID-19 a mis en évidence l'importance de la recherche et du développement en biotechnologie, l'Inde et la Chine devenant des acteurs clés dans la production et la distribution de vaccins à l'échelle mondiale.

• **Génomique** : La recherche en génomique et en médecine génétique est en croissance, avec la création de banques génétiques et de projets de séquençage à grande échelle. Le paysage des BRICS en termes de technologie et d'innovation est donc incroyablement diversifié et multifacette, avec un impact significatif à l'échelle mondiale, influençant non seulement l'économie et la politique des pays membres, mais aussi celles d'autres nations et blocs économiques. Les dynamiques évoluent constamment, et il sera essentiel d'observer comment elles évolueront dans un avenir proche, influençant le contexte international de l'innovation et du développement technologique.

K. Intelligence Artificielle et Automatisation

Les BRICS ont reconnu l'intelligence artificielle (IA) et l'automatisation comme des secteurs clés pour la croissance économique future et la compétitivité mondiale.

• **Adoption de l'IA** : La Chine se positionne en tant que leader mondial dans l'adoption et le développement de l'IA, avec pour objectif de devenir le principal centre mondial d'innovation en IA d'ici 2030.
• **Éthique et IA** : Des discussions croissantes portent sur les implications éthiques de l'IA et les politiques nécessaires pour garantir un développement et une adoption de l'IA éthiquement acceptables et socialement bénéfiques.

L. Cybersécurité À une époque où la numérisation est en croissance, la cybersécurité devient essentielle.

• **Attaques Informatiques** : Avec l'augmentation des menaces cybernétiques, les BRICS sont activement engagés dans le développement de solutions de sécurité informatique avancées et dans la formation d'experts dans ce domaine.

• **Politiques de Cybersécurité** : La création de politiques et de protocoles solides pour assurer la sécurité des infrastructures critiques et des données des utilisateurs est fondamentale.

M. Espace et Technologie Satellitaire La technologie spatiale est un autre domaine dans lequel les pays BRICS cherchent à réaliser des progrès significatifs.

• **Missions Spatiales** : La Chine et l'Inde ont lancé avec succès diverses missions spatiales, avec des objectifs allant de l'exploration lunaire au déploiement de satellites pour la surveillance du climat.

• **Coopération Spatiale** : La coopération au sein du bloc BRICS peut entraîner le partage de ressources et de connaissances dans le domaine de la technologie spatiale.

N. Éducation et Formation Technologique Pour que la croissance dans le secteur technologique soit durable, un investissement solide dans l'éducation est indispensable.

• **Formation STEM** : Une forte emphase sur la formation en Sciences, Technologie, Ingénierie et Mathématiques (STEM) est cruciale pour développer des talents capables de diriger l'innovation future. •

Universités et Recherche : Les universités dans les pays BRICS deviennent de plus en plus reconnues pour la recherche dans des domaines technologiques avancés.

O. Politiques de Réglementation et de Loi

L'innovation technologique exige également un cadre réglementaire approprié capable de soutenir et de guider le développement sécurisé des nouvelles technologies.

• **Propriété Intellectuelle** : Les questions liées à la propriété intellectuelle et aux brevets sont essentielles pour protéger les innovations et encourager davantage de recherche et de développement.

• **Réglementation de l'IA** : La réglementation de l'IA, y compris les questions de confidentialité et d'utilisation des données, est un domaine qui nécessite une attention et un développement de la part des pays BRICS.

P. Agritech et Innovation dans l'Agriculture

L'innovation technologique ne se limite pas aux centres urbains ou aux secteurs IT traditionnels, mais a également un impact significatif dans l'agriculture.

• **Technologies Agricoles** : Les nouvelles technologies, y compris les drones, l'Internet des objets (IoT) et la robotique, trouvent des applications innovantes dans l'agriculture, avec un accent particulier sur la durabilité et l'efficacité.

• **Bioingénierie** : La recherche dans le domaine agricole va de la création de nouvelles variétés de cultures à la production alimentaire plus efficiente et durable. Chacun de ces points représente un secteur vital et une facette de l'innovation et du développement technologique au sein des nations BRICS. Les trajectoires de développement, les objectifs et les défis varient entre les membres, mais ils partagent tous un intérêt commun pour cultiver des avancements technologiques et maintenir une position de premier plan sur la scène mondiale de l'innovation. Alors que le paysage technologique mondial continue d'évoluer, les BRICS resteront probablement des acteurs clés dans la définition de l'avenir de l'innovation technologique à l'échelle mondiale, chaque pays ayant ses propres domaines d'expertise et domaines d'excellence.

Q. Biotecnologie et Santé Le défi de la santé mondiale et l'avancement des biotechnologies sont des domaines clés pour les nations BRICS.

• **Développement de Vaccins** : Pendant la pandémie de COVID-19, des pays comme la Russie et l'Inde ont joué un rôle important dans le développement et la production de vaccins, démontrant des compétences significatives en biotechnologie et en production pharmaceutique.

• **Recherche Génétique** : L'innovation en génétique et les thérapies géniques sont devenues des domaines de recherche et de développement essentiels, avec des applications allant du traitement des maladies génétiques au développement de nouvelles thérapies pharmacologiques.R. Smart Cities e Urbanizzazione

Avec l'urbanisation croissante, les BRICS développent des infrastructures et des technologies pour des villes plus intelligentes et durables.

Infrastructures Intelligentes : La construction d'infrastructures urbaines intelligentes, de l'éclairage routier connecté à des systèmes de transport efficaces, est une priorité.

Sécurité Urbaine : L'application de technologies telles que la reconnaissance faciale et des systèmes intelligents de surveillance du trafic contribue à la sécurité et à la gestion efficace des métropoles.

Industrie 4.0 et Production Les BRICS jouent un rôle déterminant dans l'évolution vers l'Industrie 4.0.

Robotique : La robotique appliquée à la production industrielle est fondamentale pour augmenter l'efficacité et réduire les coûts, ainsi que pour améliorer la qualité de la production.

Interconnexion : Les systèmes de production sont de plus en plus interconnectés et intelligents, utilisant l'Internet des objets (IoT) et d'autres technologies numériques pour optimiser les processus.

E-commerce et Digitalisation L'expansion du commerce électronique et la numérisation du commerce de détail sont des phénomènes évidents dans les pays BRICS.

Plateformes Numériques : Le commerce électronique connaît une croissance exponentielle, et des plateformes telles qu'Alibaba (Chine) sont devenues des géants mondiaux de la vente au détail en ligne.

Paiements Numériques : L'adoption de systèmes de paiement numériques et cryptographiques modifie le paysage financier et commercial dans les pays BRICS.

Environnement et Technologies Vertes La durabilité environnementale grâce à l'innovation technologique est un autre domaine clé d'intérêt et de développement.

Énergies Renouvelables : L'investissement et le développement de technologies liées aux énergies renouvelables, tels que le solaire et l'éolien, sont essentiels pour un avenir énergétique durable.

Technologies de Décarbonisation : Les technologies qui contribuent à la décarbonisation des divers secteurs industriels, y compris le CCS (Capture et Stockage de Carbone) et les solutions pour l'économie circulaire, gagnent du terrain.

La technologie et l'innovation dans les nations BRICS englobent un large éventail de secteurs et d'applications. Dans chaque domaine, ces pays explorent et mettent en œuvre des solutions pour relever à la fois les défis nationaux et mondiaux, souvent grâce à un mélange d'initiatives privées et publiques. L'étendue et la profondeur de l'innovation et du développement technologique au sein des BRICS sont extraordinaires et continueront de façonner l'avenir mondial de l'innovation technologique de manière significative et parfois inattendue. La collaboration entre ces pays pourrait également accélérer le développement et l'adoption de nouvelles technologies, créant de nouvelles opportunités et peut-être de nouveaux défis en cours de route.

Intelligence Artificielle et Big Data Les BRICS se concentrent également sur le développement de l'Intelligence Artificielle (IA) et des technologies liées aux Big Data, compte tenu de l'impact transformateur de ces technologies sur divers secteurs.

IA dans l'Industrie : En Chine, l'IA a été largement utilisée dans l'industrie manufacturière pour optimiser les processus et améliorer la qualité du produit, grâce à la surveillance continue et à l'analyse des données de production.

Systèmes de Recommandation : Dans le domaine du commerce électronique, des systèmes de recommandation basés sur l'IA sont utilisés pour personnaliser l'expérience d'achat en analysant les données des utilisateurs et en prédisant leurs préférences.

Espace et Technologie Aérospatiale Les BRICS ont également de grandes ambitions dans le développement de technologies aérospatiales et dans la recherche spatiale.

Missions Spatiales : La Chine a lancé des missions spatiales visant à explorer la Lune et Mars, tandis que l'Inde a acquis une reconnaissance pour ses missions à faible coût.

Satellites : Le lancement et l'utilisation de satellites à des fins de communication, de météorologie et d'observation de la Terre sont des aspects cruciaux des politiques spatiales de ces nations.

X. Cybersécurité et Protection des Données La croissance de la numérisation a fait de la cybersécurité et de la protection des données des priorités absolues pour les nations BRICS. • Sécurité des Infrastructures Critiques : Assurer la protection des infrastructures critiques contre les cyberattaques est vital pour la sécurité nationale et l'économie de chaque nation BRICS. • Protection des Données Personnelles : La protection des données et la vie privée des utilisateurs sont devenues centrales, avec des pays tels que l'Inde et le Brésil mettant en place des réglementations pour protéger les informations des citoyens.

Y. Nanotechnologie et Matériaux Avancés La recherche et le développement dans le domaine des nanotechnologies et des matériaux avancés offrent d'énormes possibilités dans divers secteurs. • Médecine : Les nanotechnologies trouvent des applications innovantes dans le domaine médical, telles que les thérapies ciblées et l'administration de médicaments. • Électronique : Les matériaux avancés, tels que les semi-conducteurs de nouvelle génération, stimulent l'innovation dans l'électronique et les appareils intelligents.

Z. Océanographie et Technologies Marines
L'exploration et l'exploitation durable des océans sont
essentielles pour le développement futur, compte tenu
des énormes ressources disponibles en termes de
biodiversité et de minéraux. • Énergie Marine : La
recherche sur les technologies pour exploiter l'énergie
des marées et des vagues est un domaine d'intérêt
particulier pour garantir un avenir énergétique plus
durable. • Biologie Marine : La biotechnologie marine,
qui explore l'utilisation d'organismes marins pour
développer de nouveaux médicaments et matériaux,
est un secteur en croissance.

Les nations BRICS, par le biais d'une combinaison
d'initiatives gouvernementales, de collaborations
internationales et d'innovations portées par le secteur
privé, élargissent progressivement leur impact et leur
influence dans le domaine des technologies avancées et
de l'innovation. L'expansion croissante dans différents
domaines de la technologie promet de façonner
l'équilibre mondial de la puissance technologique et
pourrait révolutionner les modes de création, de
partage et de mise en œuvre de la technologie à
l'échelle mondiale. Dans tous les cas, le défi continu
sera d'équilibrer l'innovation avec les considérations
éthiques, juridiques et sociales émergentes dans ces
domaines en évolution.

Les nations BRICS se concentrent effectivement sur un
large éventail de secteurs technologiques et

d'innovation pour rester compétitives à l'échelle mondiale, en développant davantage divers aspects des technologies et en favorisant la recherche et l'innovation dans de nombreux domaines.

AA. Technologies Environnementales et Durabilité • Énergies Renouvelables : Les BRICS investissent massivement dans les énergies renouvelables. La Chine, par exemple, est l'un des principaux producteurs mondiaux de panneaux solaires. L'Inde, quant à elle, cherche à étendre sa capacité dans le domaine de l'énergie éolienne et solaire, visant à devenir un acteur clé dans le domaine des énergies renouvelables. • Véhicules Électriques : En ce qui concerne la mobilité durable, la transition vers les véhicules électriques (VE) est un autre secteur dans lequel les nations BRICS investissent, en mettant particulièrement l'accent sur l'amélioration des infrastructures de recharge et le développement de batteries plus efficaces.

BB. Biotechnologie • Génie Génétique : La biotechnologie est un domaine clé de développement pour les BRICS. Le génie génétique et les technologies CRISPR sont utilisés dans des domaines tels que l'agriculture pour développer des cultures génétiquement modifiées résistantes aux parasites et aux maladies, ainsi que dans le domaine médical pour la recherche sur les thérapies géniques et personnalisées. • Bio-pharmaceutique : Le secteur bio-pharmaceutique des BRICS connaît une croissance rapide, avec une augmentation des investissements dans la recherche et le développement de vaccins, de thérapies innovantes et de produits pharmaceutiques biotechnologiques.

CC. Éducation et Formation Technologique • Éducation STEM : L'éducation dans les domaines de la science, de la technologie, de l'ingénierie et des mathématiques (STEM) est considérée comme essentielle pour alimenter la future main-d'œuvre des BRICS et soutenir leur ambition d'innovation et de technologie. • Formation Professionnelle : Il y a également un accent sur la formation professionnelle et le développement des compétences nécessaires pour travailler dans des secteurs technologiquement avancés et industriels.

DD. Robotique et Automatisation • Robotique Industrielle : Les BRICS étendent l'utilisation de la robotique dans les secteurs manufacturiers et industriels, automatisant les processus et mettant en place des robots intelligents dans diverses lignes de production et de logistique. • Robotique Médicale : Le secteur médical connaît l'introduction de technologies robotiques, telles que des robots chirurgicaux qui assistent les médecins pendant les interventions, ou des systèmes d'assistance automatisés pour les patients.

EE. Internet des Objets (IdO)

• **Villes Intelligentes** : L'IdO joue un rôle central dans le développement de **villes intelligentes** dans les pays BRICS, où des **capteurs** et des dispositifs connectés sont utilisés pour améliorer l'efficacité des services urbains et la qualité de vie des citoyens.

• **Industrie 4.0** : L'IdO est également une composante essentielle de l'**Industrie 4.0**, connectant des **machines** et des dispositifs industriels et permettant une **gestion** et **maintenance** plus efficaces de l'équipement.

Alors que les nations BRICS continuent d'explorer et de développer leurs capacités dans ces domaines, il est évident que le contexte géopolitique, les collaborations internationales, les accords commerciaux et les développements technologiques mondiaux auront un impact significatif sur la manière dont ces nations naviguent et façonnent l'avenir de leur paysage technologique et innovant. La collaboration entre les nations BRICS, associée à une réflexion attentive sur les implications éthiques et sociales des technologies émergentes, restera essentielle pour soutenir et guider le développement durable et inclusif dans le cadre d'une société mondialisée et interconnectée. L'équilibre entre la croissance, l'innovation, la durabilité et l'inclusivité représentera un défi fondamental dans les années à venir, les BRICS explorant diverses stratégies pour réaliser une transition équitable et résiliente vers l'avenir.

Conclusione : Technologie et Innovation dans les BRICS Une Incubatrice Globale de l'Innovation

Les nations BRICS, grâce à leurs investissements continus et à leur engagement dans divers domaines de la technologie et de l'innovation, se positionnent comme des **moteurs** dans le paysage technologique mondial. Ces pays ont montré un intérêt spécifique et une mise en œuvre stratégique dans le domaine des technologies émergentes, consacrant des ressources importantes pour devenir des **leaders** dans divers secteurs, comme le montrent les différents exemples dans des domaines tels que les technologies vertes, la biotechnologie et la robotique. **Dépasser les Inégalités** Bien que les nations BRICS progressent, il est impératif de résoudre les inégalités existantes au niveau national et international. L'écart entre les zones urbaines et rurales en termes d'accès aux technologies, ainsi que les différences dans les capacités d'innovation entre les nations BRICS, sont des questions qui nécessitent attention et action. Par conséquent, des politiques inclusives et des efforts coordonnés sont essentiels pour garantir que les avantages de la technologie et de l'innovation soient répartis équitablement dans toutes les sphères de la société.

Collaborations et Partenariats Les partenariats, tant au niveau national qu'international, sont cruciaux pour le succès des BRICS dans le domaine technologique. Travailler avec diverses entités telles que des entreprises, des universités, des instituts de recherche et d'autres pays est essentiel pour élargir le pool de connaissances et de compétences. Les collaborations peuvent également faciliter le partage de technologies, la participation à des projets de recherche communs et l'accès aux marchés mondiaux, tous des éléments qui peuvent amplifier l'innovation et la compétitivité des BRICS sur la scène mondiale.

Défis Éthiques et Normatifs Les implications éthiques et normatives des nouvelles technologies doivent être soigneusement examinées et naviguées par les nations BRICS. Des questions telles que la vie privée, la sécurité des données et les implications socio-économiques des technologies émergentes doivent être traitées par le biais de réglementations solides, de dialogue public et, si nécessaire, de collaborations internationales pour établir des normes mondiales.

Vers un Futur Soutenable et Innovant Enfin, en regardant vers l'avenir, les BRICS, avec leur immense potentiel d'innovation et de croissance, ont la responsabilité et l'opportunité de guider le monde vers un avenir plus **durable** et technologiquement avancé. L'engagement envers la création de technologies qui propulsent non seulement la croissance économique, mais qui abordent également des problèmes critiques tels que le changement climatique, l'inégalité et la sécurité, est essentiel. Cela exigera une approche équilibrée et multidimensionnelle mettant en avant la durabilité, l'équité et la résilience, garantissant que les innovations technologiques bénéficient non seulement aux économies des BRICS, mais aussi à la société dans son ensemble. En résumé, la technologie et l'innovation dans les nations BRICS ne sont pas seulement un moteur de croissance économique et de développement, mais aussi un moyen par lequel ces pays peuvent réaliser et contribuer aux objectifs mondiaux communs, en créant un avenir où la technologie est un bien partagé, accessible et bénéfique pour tous.

8. Développement Durable • Politiques et pratiques de développement durable adoptées par les BRICS.

Développement Durable au sein des BRICS

Les nations BRICS (Brésil, Russie, Inde, Chine et Afrique du Sud) jouent un rôle critique dans la direction du monde vers un chemin de développement durable. Chacune de ces nations possède une richesse de ressources et une population significative, ce qui implique que leurs politiques et pratiques en matière de durabilité ont un impact considérable à l'échelle mondiale.

Brésil : Biodiversité et Énergie Renouvelable

Le Brésil, grâce à sa vaste biodiversité et à ses vastes écosystèmes, met l'accent sur la conservation de la biodiversité et l'utilisation durable des ressources. L'accent est également mis sur la promotion de l'énergie renouvelable, notamment l'hydroélectricité et la production de biocarburants, tout en faisant face aux défis liés à la déforestation et à la protection des terres indigènes.

Russie : Gestion des Ressources Naturelles et Conservation

La Russie, avec ses vastes réserves de gaz naturel et de pétrole, doit relever le défi de concilier l'exploitation de ces ressources avec l'objectif de préservation environnementale. L'attention portée à la conservation de sa vaste wilderness et à la gestion durable de ses ressources naturelles sont des questions clés de ses politiques de développement durable.

Inde : Croissance Inclusive et Solutions Vertes

L'Inde se concentre sur une croissance inclusive, cherchant à équilibrer le développement économique rapide avec la nécessité d'assurer l'équité et la durabilité. La promotion des technologies vertes,

l'amélioration de l'efficacité énergétique et la réduction
de la pauvreté figurent parmi les objectifs principaux
de ses politiques de développement durable.

Chine : Industrialisation Verte et Innovation

La Chine explore les voies de l'industrialisation verte
en misant sur des technologies propres et des pratiques
de production durables pour réduire l'impact
environnemental de sa production industrielle
massive. L'innovation en matière de technologies
environnementales et le développement de villes
écologiques font partie intégrante de sa stratégie en
faveur de la durabilité.

Afrique du Sud : Réduction des Inégalités et Protection de l'Environnement

L'Afrique du Sud met l'accent sur la réduction des
inégalités et la protection de l'environnement.
L'équilibre entre l'industrialisation et la protection de
sa riche biodiversité et de ses écosystèmes est un
élément crucial de ses politiques.

Collaborations et Défis Communs

Les nations BRICS, bien qu'elles aient des trajectoires
distinctes en matière de développement durable,
partagent des défis communs et ont donc initié des
collaborations au sein de divers forums et plates-
formes. Cela inclut le dialogue sur des questions telles

que le changement climatique, la gestion des ressources naturelles et la promotion de l'énergie propre. La coopération et le partage de connaissances entre ces nations sont essentiels pour orienter des actions collectives et soutenir les efforts individuels en faveur de la durabilité.

Considérations Finales

Les BRICS, en tant que puissances émergentes, ont l'opportunité et la responsabilité de façonner un chemin de développement qui ne satisfasse pas seulement les besoins immédiats de leurs citoyens, mais qui sauvegarde également l'avenir de la planète. Les politiques et pratiques adoptées par ces nations auront un impact significatif sur la capacité du monde à atteindre les Objectifs de Développement Durable (ODD) des Nations Unies et à progresser vers un avenir plus juste et plus durable. L'intégration de stratégies économiques, sociales et environnementales, à travers des politiques nationales et des collaborations internationales, sera cruciale pour définir le succès des BRICS en matière de développement durable.

La question du développement durable dans les nations BRICS reste particulièrement pertinente dans le contexte mondial, compte tenu de l'énorme impact de ces pays sur la scène internationale en termes économiques, sociaux et environnementaux. Bien qu'une vue d'ensemble de la manière dont chaque nation aborde ce sujet ait déjà été présentée, il est possible d'approfondir davantage en explorant différents sous-aspects et facettes.

Les défis liés au développement durable pour les nations BRICS sont extrêmement variés, découlant des contextes géographiques, culturels, économiques et sociaux uniques de chacune d'entre elles. Par exemple, chacune des nations BRICS a une démographie différente et un profil socio-économique qui influence les modèles de consommation, la demande en énergie et en ressources, ainsi que la capacité à atténuer et à s'adapter aux changements climatiques.

Dans le même temps, les BRICS figurent parmi les principaux émetteurs mondiaux de gaz à effet de serre, avec la Chine et l'Inde parmi les premiers émetteurs au monde. Les implications de cela sur la nécessité de développer et de mettre en œuvre des technologies et des pratiques durables sont énormes, tant au niveau national que pour leur impact à l'échelle mondiale.

Il est également intéressant d'explorer comment les politiques de développement durable sont influencées et, à leur tour, influencent les dynamiques politiques internes et externes. La nécessité de garantir la sécurité énergétique, par exemple, peut encourager des investissements dans les énergies renouvelables, mais aussi dans des solutions basées sur les combustibles fossiles.

Le dilemme entre la promotion de la croissance économique et la protection de l'environnement constituent une tension persistante dans les politiques de développement durable. Les efforts visant à stimuler l'économie peuvent souvent être en conflit avec les objectifs de durabilité, et trouver un équilibre entre ces deux exigences nécessite des compétences politiques et de la volonté.

D'un autre côté, la durabilité environnementale peut également offrir des opportunités économiques. Par exemple, l'industrie des énergies renouvelables, qui comprend la production d'énergie solaire, éolienne et d'autres sources renouvelables, a le potentiel de créer des emplois et de stimuler la croissance économique tout en luttant contre la crise climatique.

Les modèles d'urbanisation et l'expansion des villes dans les pays BRICS représentent un autre domaine crucial pour le développement durable. L'urbanisation rapide et souvent non planifiée peut entraîner d'importantes défis en termes de gestion des déchets, de pollution de l'air et de l'eau, et d'autres questions environnementales. En même temps, les villes sont des vecteurs d'innovation et de développement économique, et leur rôle dans la création d'un avenir durable ne peut être sous-estimé.

Dans un contexte mondial, les BRICS jouent un rôle clé dans la définition de l'agenda du développement durable, influençant non seulement les trajectoires de développement de leurs propres pays, mais aussi les dynamiques internationales liées au changement climatique, à la biodiversité et à d'autres questions environnementales majeures. Par conséquent, l'intersection entre les politiques nationales et les actions internationales devient un domaine pertinent à explorer davantage.

L'analyse des politiques, des programmes et des initiatives spécifiques mises en œuvre dans les pays BRICS pour promouvoir le développement durable peut fournir des idées sur la manière dont les leçons apprises et les meilleures pratiques peuvent être partagées et adaptées dans différents contextes nationaux et régionaux. Cela peut enrichir la discussion et la pratique du développement durable à l'échelle mondiale, contribuant à façonner un avenir équilibrant les besoins de l'économie, de la société et de l'environnement de manière équitable et résiliente. Cette analyse peut encore être approfondie en explorant divers aspects et facettes de chaque pratique et politique, le tout dans le contexte d'une vision holistique et intégrée du développement durable.

En approfondissant davantage la question du développement durable au sein des pays BRICS, nous explorons comment chaque nation gère le dilemme entre le développement économique et la protection de l'environnement en utilisant différentes stratégies et méthodes.

Par exemple, les BRICS augmentent progressivement leurs investissements dans le secteur des énergies renouvelables. La Chine, par exemple, est devenue l'un des principaux producteurs et consommateurs d'énergie solaire au monde, tandis que l'Inde a lancé des projets ambitieux d'énergie éolienne et solaire pour réduire sa dépendance aux combustibles fossiles. La Russie, dotée de vastes ressources énergétiques, met en place progressivement des politiques visant à diversifier les sources d'énergie et à intégrer les énergies renouvelables dans son mix énergétique national. Ces investissements ne sont pas seulement motivés par la nécessité de réduire les émissions de gaz à effet de serre, mais aussi par la volonté de soutenir la croissance économique grâce au développement de nouveaux secteurs industriels.

Les infrastructures durables constituent un autre secteur clé où les pays BRICS cherchent à concilier développement et durabilité. Cela implique la création de villes plus durables grâce à une planification urbaine, la construction de bâtiments économes en énergie et le développement de systèmes de transport public à faibles émissions de carbone. Cela représente une opportunité à la fois pour améliorer la qualité de vie des citoyens et pour stimuler l'innovation et la création d'emplois.

La durabilité des chaînes de production est un autre aspect fondamental que les pays BRICS explorent. La promotion de pratiques agricoles durables, la gestion responsable des ressources naturelles et la mise en œuvre de stratégies pour une production et une consommation responsables sont cruciales pour garantir que le développement économique ne se fasse pas au détriment de l'environnement et des communautés locales.

De plus, les pays BRICS développent différentes politiques et instruments financiers pour soutenir la transition vers une économie plus verte et plus résiliente. Cela inclut l'utilisation d'incitations fiscales pour stimuler les investissements dans des secteurs durables, la création de fonds pour soutenir des projets de conservation de l'environnement et la promotion de l'investissement socialement responsable.

À long terme, l'éducation et la formation jouent un rôle fondamental dans la promotion de la durabilité au sein des pays BRICS. L'intégration de la durabilité dans les programmes d'études, la promotion de la recherche et de l'innovation dans des domaines liés au développement durable, et la formation de compétences sur le marché du travail pour soutenir la transition vers des secteurs plus verts sont toutes des stratégies en cours de mise en œuvre.

L'accès équitable et durable aux ressources, en particulier à l'eau et à l'énergie, représente un défi majeur dans les pays BRICS, qui sont caractérisés par d'énormes inégalités socio-économiques. Créer des systèmes garantissant un accès universel aux services et aux ressources essentielles, de manière durable et équitable, est essentiel pour s'assurer que le développement durable profite à tous les citoyens.

En même temps, les pays BRICS sont également activement engagés dans des forums internationaux liés au développement durable, tels que l'Agenda 2030 des Nations Unies et l'Accord de Paris sur le changement climatique. Dans ces contextes, ils agissent à la fois en tant que représentants de leurs intérêts nationaux et en tant que voix influentes des pays en développement en général.

Enfin, les questions de gouvernance, de transparence et de participation publique sont également cruciales en ce qui concerne le développement durable au sein des BRICS. La participation de toutes les parties prenantes, y compris le secteur privé, la société civile et les communautés locales, est essentielle pour créer des solutions durables et inclusives ancrées dans les besoins et les aspirations des populations.

Ces réflexions ne représentent que quelques-unes des nombreuses facettes du développement durable dans les pays BRICS, et chaque aspect pourrait être approfondi par le biais d'une analyse détaillée et spécifique, en évaluant les politiques, les stratégies et les initiatives mises en œuvre, ainsi que les défis et les opportunités qui se présentent dans chaque contexte national et régional.

En conclusion, les politiques et les pratiques de développement durable adoptées par les pays BRICS constituent une pièce essentielle du puzzle de leur développement économique et social, car elles abordent simultanément des questions environnementales, économiques et sociales. D'un côté, le défi principal pour ces pays est de concilier l'urgence du développement socio-économique, y compris l'industrialisation, l'urbanisation et la croissance économique, avec la protection de l'environnement et l'utilisation responsable des ressources naturelles.

Les BRICS, avec leurs économies et leurs populations croissantes, ont un impact significatif sur le climat et l'environnement mondial, mais ils subissent également les effets du changement climatique et de la dégradation de l'environnement. Par exemple, les problèmes liés à la qualité de l'air, à la gestion des ressources en eau et à la perte de biodiversité ne sont que quelques-unes des questions cruciales auxquelles ils doivent faire face, et qui exigent des solutions ingénieuses et durables.

Alors que chaque nation des BRICS fait face à des défis uniques en matière de développement durable, toutes partagent une aspiration commune à promouvoir un développement qui ne satisfait pas seulement les besoins actuels, mais assure également la stabilité et la prospérité des générations futures. Dans ce contexte, le concept de développement durable se traduit en politiques nationales et en stratégies de mise en œuvre visant à équilibrer des objectifs parfois contradictoires, tout en garantissant une répartition équitable des opportunités et des avantages du développement.

Les efforts déployés par les pays BRICS pour promouvoir le développement durable grâce à la transition énergétique, à l'innovation technologique, à la gestion durable des ressources naturelles et à la promotion de l'équité sociale sont particulièrement pertinents à l'échelle mondiale. Leurs initiatives influencent non seulement les trajectoires de développement à l'intérieur de leurs frontières, mais aussi la gouvernance environnementale et le développement durable à l'échelle mondiale.

Un autre aspect qui ressort est l'importance de la coopération, tant au niveau régional qu'international. La coopération entre les pays BRICS, ainsi qu'entre les BRICS et d'autres nations et régions, est essentielle pour partager des connaissances, des expériences et des meilleures pratiques en matière de développement durable. Cet échange mutuel renforce non seulement la capacité de chaque nation à poursuivre des objectifs de développement durable, mais favorise également la construction d'un ordre international plus juste et durable.

En conclusion, la voie que les nations BRICS doivent suivre pour garantir un développement durable nécessitera un engagement constant, des stratégies réfléchies et une volonté politique ferme. Le rôle des BRICS dans le contexte mondial, leurs défis et opportunités internes, ainsi que l'interconnexion entre les questions de développement durable et d'autres domaines tels que la sécurité, la technologie et la santé, font de leur gestion des politiques et des pratiques de développement durable un sujet d'importance mondiale, qui influencera incontestablement les dynamiques économiques, sociales et environnementales du XXIe siècle.

9. Inégalités et Disparités • Analyse des inégalités et disparités au sein et entre les pays BRICS.

Les inégalités et disparités, à la fois au sein et entre les pays BRICS (Brésil, Russie, Inde, Chine et Afrique du Sud), représentent une question cruciale qui croise différents aspects du développement social, économique et politique. Ces pays, bien qu'ayant réalisé des progrès économiques significatifs au cours des dernières décennies, font face à d'importantes défis en ce qui concerne les inégalités internes et les disparités entre eux.

Inégalités internes :

1. **Économiques :** On observe une disparité de revenus et de richesses évidente au sein de ces pays. La répartition des richesses est fortement déséquilibrée, avec des minorités riches détenant une part significative des ressources nationales.

2. **Sociales :** Les inégalités sociales se manifestent de diverses manières, telles que l'accès limité aux soins de santé, à l'éducation et à d'autres ressources et opportunités essentielles pour certaines segments de la population.

3. **De Genre :** Dans différents pays BRICS, les femmes et les filles font face à des inégalités substantielles en termes d'accès à l'éducation,

d'opportunités professionnelles, de représentation politique et de contrôle des ressources.

4. **Ethniques et Culturelles :** Il existe également d'importantes inégalités entre différents groupes ethniques et culturels, tant en ce qui concerne les opportunités économiques que l'accès aux droits et aux opportunités.

Disparités entre les pays BRICS :

1. **Développement Économique :** Bien qu'ils soient tous considérés comme des économies émergentes, il existe d'importantes différences en termes de PIB, de taille de l'économie et de capacité de production entre les pays BRICS.

2. **Structures Politiques :** Chaque pays BRICS a sa propre structure politique et gouvernementale distincte, ce qui se traduit par des capacités de réponse différentes et des approches différentes des questions d'inégalité.

3. **Politiques Sociales :** Il existe d'importantes différences en termes de politiques sociales, y compris les systèmes de protection sociale et de bien-être.

4. **Gestion Environnementale :** Les pays BRICS adoptent diverses approches et capacités en

matière de gestion des problèmes environnementaux et des défis climatiques.

L'Inde, par exemple, fait face à d'énormes défis liés aux inégalités de caste et de religion, tandis que le Brésil lutte contre les inégalités économiques et la violence. La Russie fait face à une croissance des inégalités économiques et à une concentration de la richesse parmi une élite restreinte. La Chine présente d'importantes disparités régionales en termes de développement économique entre les zones côtières et intérieures. En revanche, l'Afrique du Sud affiche l'une des plus fortes inégalités de revenu au monde, liées à la fois à des facteurs historiques et à des défis actuels.

Dans une perspective entre les pays, la Chine domine en termes de taille économique et d'influence mondiale, tandis que des pays comme l'Afrique du Sud font face à des défis plus prononcés en ce qui concerne la stabilité économique et la croissance. L'Inde se distingue par sa démographie et l'ampleur de ses défis de développement. La Russie joue un rôle clé sur la scène géopolitique, mais elle est confrontée à des problèmes économiques et démographiques. Le Brésil, en proie à l'instabilité politique et aux problèmes sociaux, poursuit sa lutte pour la justice sociale et la stabilité économique.

Pour aborder ces inégalités et disparités, il est nécessaire de mettre l'accent à la fois sur des politiques internes équitables et sur la coopération et la solidarité internationales, afin que les pays BRICS puissent apprendre les uns des autres et se soutenir mutuellement dans leur quête d'un développement plus inclusif et durable.

Dans le discours sur les inégalités et les disparités au sein des pays BRICS, il est essentiel d'explorer en profondeur également les matrices socio-culturelles, la dynamique démographique, les perspectives futures et la géopolitique de chaque nation et du bloc dans son ensemble.

Dynamiques Démographiques et Perspectives Futures : La démographie joue un rôle fondamental dans les disparités entre les pays BRICS. En Inde, par exemple, une population jeune mais avec un pourcentage élevé de personnes n'ayant pas accès à une éducation et à des soins de santé de qualité pose un défi important à la réalisation de son potentiel démographique. À l'inverse, la Chine fait face au vieillissement de sa population, ce qui pourrait avoir un impact sur sa croissance économique et sa viabilité sociale. Le Brésil et l'Afrique du Sud sont confrontés à une pression démographique différente, avec la nécessité de créer des opportunités pour une main-d'œuvre jeune en croissance. La Russie, avec une démographie qui penche vers un vieillissement de la population et une population active en déclin, rencontre ses propres défis uniques en termes de durabilité du développement.

Géopolitique et Influences Étrangères : La position géopolitique et l'histoire de chaque pays BRICS influencent considérablement leurs trajectoires de développement et les inégalités qui y sont liées. Par exemple, les sanctions économiques imposées à la Russie ont eu un impact sur divers secteurs de son économie et de sa société. La Chine est actuellement au centre de nombreuses tensions géopolitiques, et comment celles-ci pourraient influencer son économie et sa société est une question cruciale. L'Inde, étant située dans une région avec diverses tensions transfrontalières, doit équilibrer ses priorités de développement avec des besoins stratégiques et de sécurité.

Défis Globaux Émergents : Les défis globaux émergents, tels que le changement climatique, les pandémies et la numérisation, posent de nouvelles questions concernant les inégalités. Par exemple, tandis que la numérisation offre des opportunités pour le développement économique et social, elle peut également aggraver les inégalités existantes, à la fois au sein des pays et entre eux. La crise sanitaire mondiale liée à la COVID-19 a révélé et intensifié les disparités existantes, mettant à nu les fragilités des systèmes de santé et des filets de sécurité sociale.

Politiques et Coopération Internationale : La création de politiques visant spécifiquement à réduire les inégalités est essentielle. Cela comprend des politiques visant à réduire les inégalités de revenus, à améliorer l'accès à l'éducation et aux soins de santé, et à promouvoir l'égalité des sexes. De plus, bien que chaque pays BRICS ait sa propre matrice d'inégalité unique, il existe des leçons et des pratiques qui peuvent être partagées entre eux, créant un cadre de coopération sud-sud.

Développement Urbain et Rural : La disparité dans le développement urbain et rural est un autre facteur crucial lorsqu'on explore les inégalités. Alors que certaines zones urbaines à l'intérieur des pays BRICS connaissent un développement rapide et une modernisation, de nombreuses zones rurales sont laissées pour compte, créant un fossé dans le bien-être et les opportunités disponibles pour les personnes dans ces régions diverses.

Investissements et Flux de Capitaux : L'analyse des inégalités et des disparités dans les pays BRICS ne peut pas faire abstraction de l'évaluation des investissements et des flux de capitaux. Les investissements directs étrangers (IDE) et les flux de capitaux à l'intérieur des pays BRICS mettent en évidence d'importantes inégalités. Certaines régions et secteurs attirent d'importants investissements, tandis que d'autres sont négligés, contribuant à créer et à perpétuer des disparités. La Chine, par exemple, a attiré d'importants IDE, devenant un hub mondial de la production manufacturière. Cependant, cela a également entraîné de graves disparités régionales, les zones côtières prospérant beaucoup plus que les régions intérieures.

Politiques Fiscales et Inégalités : Les politiques fiscales, c'est-à-dire la manière dont les gouvernements collectent et dépensent les ressources, jouent un rôle fondamental dans la détermination des niveaux d'inégalité au sein d'un pays. Par exemple, au Brésil, malgré une série de politiques sociales, les inégalités demeurent très visibles en raison des injustices persistantes dans le système fiscal et les structures de dépenses, qui bénéficient souvent aux élites plutôt qu'aux groupes sociaux les plus vulnérables.

Systèmes Éducatifs et Disparités : L'accès et la qualité de l'éducation sont d'autres aspects cruciaux des inégalités entre et à l'intérieur des pays BRICS. En Inde, par exemple, l'accès à l'enseignement supérieur est fortement polarisé le long de lignes socio-économiques et géographiques, contribuant à perpétuer des cycles intergénérationnels de pauvreté et d'inégalité. Les politiques éducatives qui échouent à atteindre les segments les plus défavorisés de la société contribuent à créer un cycle d'inégalité difficile à briser.

Inégalités de Genre et Inclusion Sociale :
L'inégalité de genre est une question pressante dans les pays BRICS. Malgré les progrès réalisés, les femmes dans les pays BRICS font souvent face à d'importantes barrières en termes d'accès à l'emploi, d'égalité salariale et de représentation dans des postes de direction. L'Afrique du Sud, par exemple, a activement travaillé à améliorer l'égalité des sexes grâce à diverses lois et initiatives, mais des défis significatifs subsistent en raison de problèmes structurels et culturels.

Intégration Régionale et Connectivité :
L'intégration régionale et la connectivité entre différentes parties des pays BRICS révèlent des disparités en termes de développement et d'opportunités. Dans des pays étendus comme la Russie, les inégalités régionales sont considérables, et l'équité dans l'accès aux opportunités, aux services et aux infrastructures entre les différentes régions reste un problème persistant alimentant les inégalités socio-économiques.

Politiques Environnementales et Développement Durable

L'approche du développement durable et des politiques environnementales au sein des pays BRICS reflète un autre spectre d'inégalités. Des pays tels que la Chine ont connu une dégradation environnementale significative en tant que résultat direct de l'industrialisation rapide, ce qui a eu un impact disproportionné sur les populations vulnérables qui vivent souvent dans des zones fortement polluées.

Mobilité Sociale et Travail La mobilité sociale, c'est-à-dire la capacité des individus à améliorer leur statut socio-économique, est étroitement liée aux opportunités d'emploi et à l'éducation. Dans les pays BRICS, la mobilité sociale varie considérablement, et dans certains cas, comme au Brésil, il existe des barrières significatives qui empêchent les gens de progresser économiquement et socialement, renforçant ainsi les cycles de pauvreté et d'inégalité.

Conflits et Inégalités La présence de conflits, qu'ils soient internes ou avec des nations voisines, a une forte incidence sur les inégalités au sein des pays BRICS. Par exemple, en Inde, le conflit prolongé dans des régions telles que le Jammu et le Cachemire a alimenté les disparités et les inégalités non seulement au niveau régional, mais a également influencé les politiques et les priorités au niveau national.

Conclusions Préliminaires Bien que chaque pays BRICS fasse face à ses propres défis uniques en termes d'inégalités et de disparités, il existe des thèmes communs et partagés qui émergent au sein du groupe, notamment les inégalités régionales, les inégalités entre les sexes et les inégalités dans l'accès à des services essentiels tels que l'éducation et la santé. Ces éléments sont essentiels pour développer une compréhension globale des inégalités et des disparités au sein des BRICS et nécessitent des analyses et des considérations plus approfondies dans les discours politiques et académiques.

Inégalités et Disparités dans les Pays BRICS : Conclusion Les pays BRICS, bien qu'ils partagent certaines tendances de croissance et de développement, présentent une complexité notable en termes d'inégalités et de disparités sociales, économiques et environnementales. Les réalités du Brésil, de la Russie, de l'Inde, de la Chine et de l'Afrique du Sud se croisent et divergent à de multiples niveaux, couvrant les domaines socio-économique, de genre, environnemental et d'intégration régionale.

Inégalités Socio-économiques et Mobilité Sociale Les inégalités socio-économiques dans les pays BRICS sont étroitement liées à la mobilité sociale. Les barrières structurelles à l'éducation, à l'accès à des opportunités d'emploi qualifiées et à des services de santé de qualité entravent la mobilité sociale, maintenant ainsi les disparités existantes. La consolidation d'une élite économique aux dépens des masses appauvries aggrave davantage ces inégalités. La question de la répartition de la richesse et de l'accès aux opportunités devient centrale, et les politiques visant à contrer l'accroissement de l'écart entre les riches et les pauvres deviennent indispensables pour un avenir durable et équitable.

Genre et Disparités L'inégalité entre les sexes persiste dans les sociétés BRICS malgré les efforts politiques et sociaux. La discrimination de genre se manifeste dans des domaines tels que la rémunération, l'emploi, l'éducation et la représentation politique. Aborder ces questions est non seulement impératif du point de vue des droits de l'homme, mais aussi essentiel pour le progrès socio-économique, car l'autonomisation des femmes est étroitement liée au développement durable.

Disparités Régionales Les disparités régionales, en particulier dans les pays de grande taille tels que la Russie et la Chine, sont significatives. Les régions centrales et côtières, souvent plus développées, contrastent avec les régions intérieures et périphériques qui luttent avec des infrastructures inadéquates, des opportunités limitées et des défis au développement. Ces inégalités géographiques nécessitent des stratégies ciblées pour équilibrer le développement et garantir une répartition plus équitable des ressources et des opportunités.

Environnement et Développement Durable Le dialogue entre le développement et la protection de l'environnement est lié aux inégalités, où les communautés les plus pauvres subissent souvent le fardeau de la dégradation environnementale. Les politiques environnementales des pays BRICS doivent donc envisager comment les stratégies pour la durabilité peuvent être inclusives et ne pas générer de nouvelles disparités.

Outils et Stratégies pour le Changement Pour inverser la trajectoire des inégalités et des disparités dans les pays BRICS, la création et la mise en œuvre de politiques inclusives deviennent essentielles. Cela nécessite une combinaison de politiques fiscales proactives, d'investissements dans l'éducation et la santé, de stratégies de développement régional et de programmes d'autonomisation des femmes. De plus, le dialogue continu entre les pays BRICS pour partager des connaissances et des meilleures pratiques pourrait servir de catalyseur pour développer des solutions novatrices et collaboratives afin de relever ces défis communs.

Vers un Avenir plus Juste et Durable Le chemin vers un avenir plus équitable pour les pays BRICS est indéniablement difficile et nécessite un engagement concerté des gouvernements, du secteur privé et de la société civile. Aborder les inégalités et les disparités implique la construction d'une structure sociale et économique plus résiliente et intégrée, où les avantages du développement sont partagés plus largement et où chaque citoyen a l'opportunité de réaliser son potentiel.

Dans cette perspective, les leçons tirées de chaque pays BRICS devraient éclairer la voie vers des stratégies plus inclusives et équitables, garantissant que le développement futur ne soit pas seulement économiquement robuste mais également équitablement réparti dans tous les secteurs de la société.

10. Conflits et Coopération entre les Membres des BRICS

1. Aperçu Général Les pays BRICS (Brésil, Russie, Inde, Chine et Afrique du Sud) ont représenté une entité significative dans la politique et l'économie mondiales. Bien qu'unis par des intérêts communs tels que le développement économique et la réforme des institutions financières internationales, ils manifestent toute une série de divergences et de conflits coexistant avec des domaines de coopération.

2. Conflits Évidents entre les Membres des BRICS a. Divergences Économiques et Commerciales La Chine et l'Inde ont connu des tensions commerciales liées aux inégalités dans les échanges et aux barrières tarifaires. Le Brésil a également exprimé des préoccupations concernant les pratiques commerciales chinoises et la concurrence dans le secteur agricole. b. Conflits Territoriaux Le conflit territorial le plus évident au sein des BRICS est celui entre l'Inde et la Chine, notamment le long de leur vaste frontière montagneuse, avec des différends historiques et des escarmouches militaires récentes. c. Divergences Idéologiques et Politiques Les divergences politiques et idéologiques entre les membres, telles que celle entre la démocratie parlementaire indienne et le système plus centralisé de la Chine, ont généré des frictions et des désalignements en matière de politique étrangère et intérieure.

3. Domaines de Coopération a. Coopération Économique Malgré les conflits, les membres des BRICS ont identifié et poursuivi des domaines de coopération économique, tels que la Nouvelle Banque de Développement, créée pour financer des projets de développement durable et d'infrastructures dans les pays BRICS et d'autres économies émergentes. b. Sécurité et Politique Les BRICS travaillent ensemble sur des questions de sécurité et de politique dans certains forums internationaux, cherchant à consolider leur poids et leur influence dans le système international, et à promouvoir la réforme des institutions mondiales, telles que le FMI et la Banque Mondiale. c. Échanges Culturels et Éducatifs Les pays ont promu des initiatives visant à intensifier les échanges culturels et éducatifs, dans le but de construire des ponts et de promouvoir une compréhension mutuelle entre les peuples des BRICS.

4. Un Équilibre Délicat entre Conflit et Coopération

La relation entre les pays BRICS est un équilibre délicat entre coopération et compétition. D'un côté, il existe une volonté commune de collaborer dans certains domaines d'intérêt mutuel ; de l'autre, les rivalités et les conflits, historiques et actuels, représentent des obstacles significatifs à la pleine réalisation du potentiel du groupe. Les questions de sécurité, de commerce et d'influence mondiale sont particulièrement sensibles. Par exemple, la croissance économique et militaire croissante de la Chine est perçue avec méfiance par d'autres membres, en particulier l'Inde, ce qui alimente les tensions et les suspicions.

5. Vers un Avenir de Collaboration Renforcée ?

Le défi pour les BRICS dans un avenir proche sera de naviguer dans ces eaux tumultueuses, en cherchant à minimiser les conflits et à maximiser les domaines de coopération. Cela pourrait nécessiter des compromis, de la flexibilité et un engagement renouvelé envers le dialogue et la compréhension mutuelle. À long terme, la capacité des BRICS à surmonter les divergences et à se concentrer sur des objectifs et des intérêts communs déterminera le succès et l'influence du groupe dans le contexte mondial. Dans un monde de plus en plus multipolaire et interconnecté, la coopération multilatérale entre des pays dotés de ressources et d'influences significatives, comme les BRICS, sera essentielle pour relever les défis mondiaux qui se profilent. Les dynamiques de conflit et de coopération au sein des BRICS sont également en évolution en réponse aux influences externes et aux dynamiques mondiales. La fragmentation et les synergies entre ces États émergents sont en constante évolution, reflétant à la fois les tensions et les intérêts communs qui façonnent leurs interactions. Par exemple, la guerre commerciale entre la Chine et les États-Unis, qui a atteint son apogée en 2018-2019, a eu des implications pour toutes les économies BRICS. La Chine, en particulier, a cherché à diversifier ses partenaires commerciaux et à investir dans de nouveaux marchés, une démarche qui a eu des répercussions à la fois concurrentielles et collaboratives pour le Brésil, la Russie, l'Inde et l'Afrique du Sud. Alors que ces nations pourraient tirer parti de la réorganisation des itinéraires commerciaux et de production, de nouvelles tensions surgissent également en ce qui concerne les excédents et les déficits commerciaux, ainsi que la croissance de certains secteurs de production. Le domaine numérique émerge également comme un domaine dynamique de coopération et de rivalité. Par exemple, la Chine a soutenu l'Inde dans le développement de l'infrastructure numérique grâce à des investissements directs dans les start-ups et les technologies émergentes. Cependant, les préoccupations concernant la sécurité nationale, la protection des données personnelles et la propriété intellectuelle restent des sources de tension entre les deux pays, des tensions qui se propagent également dans leurs interactions avec le Brésil, la Russie et l'Afrique du Sud.

Parallèlement, la transition énergétique mondiale et l'engagement envers une plus grande durabilité créent de nouvelles dynamiques entre les membres des BRICS. Par exemple, la Chine a pris des engagements significatifs en faveur de la neutralité carbone, tandis que l'Inde investit massivement dans l'énergie solaire. De son côté, la Russie, tout en maintenant un rôle prédominant en tant qu'exportatrice de gaz et de pétrole, explore également des possibilités dans le domaine des énergies renouvelables. Ces développements créent des scénarios de coopération, dans lesquels les pays BRICS peuvent partager des technologies et de l'expertise, mais aussi des conflits potentiels en termes de marchés énergétiques, d'investissements et de politiques environnementales.

De plus, les BRICS en tant qu'entité cherchent également à établir un contrepoids à l'influence occidentale en matière de gouvernance économique mondiale, et pour ce faire, elles ont besoin de renforcer leur cohésion interne en favorisant le dialogue et les initiatives conjointes, bien que des divergences politiques et économiques demeurent évidentes. Cela se manifeste souvent dans des forums multilatéraux, où les pays BRICS présentent un front uni sur des questions clés telles que la réforme institutionnelle et la promotion d'une plus grande équité dans la distribution du pouvoir à l'échelle mondiale.

Cependant, la relation entre les pays des BRICS ne peut pas être pleinement comprise sans tenir compte du contexte socio-politique interne de chaque membre. La croissance économique, l'expansion de la classe moyenne, les inégalités et la stabilité politique interne de chaque nation influencent considérablement les orientations des politiques étrangères et les positions adoptées à l'égard des autres membres des BRICS, et plus généralement dans le contexte international.

L'avenir des BRICS et leur impact sur le système international continueront donc d'être façonnés par une matrice complexe de conflits et de coopérations, chevauchant des domaines tels que le commerce, la sécurité, la technologie et la durabilité, et il sera essentiel de surveiller comment ces dynamiques évoluent dans le contexte d'un ordre mondial en transformation et de défis mondiaux de plus en plus pressants.

Les BRICS, tout en cherchant à naviguer dans les eaux des défis mondiaux complexes, sont constamment à la recherche de stratégies permettant d'équilibrer la coopération et la compétitivité dans un contexte international en constante évolution. Les rivalités et la solidarité au sein du groupe émergent non seulement sur le plan économique, mais aussi en ce qui concerne les questions de sécurité et de géopolitique, ce qui rend leur parcours coopératif à la fois fertile et complexe.

Une lentille particulièrement intéressante pour explorer davantage ces thèmes est la géopolitique de la vaccination contre la COVID-19. La pandémie a représenté un défi sans précédent pour la coopération internationale et a exacerbé et mis en évidence certaines des tensions existantes entre et au sein des BRICS. Par exemple, l'Inde et l'Afrique du Sud ont dirigé les efforts à l'échelle mondiale pour libérer les brevets des vaccins contre la COVID-19, en proposant une exemption à l'Organisation mondiale du commerce (OMC) pour faciliter la production de vaccins dans les pays en développement. Cette position a mis en lumière non seulement les dynamiques Nord-Sud dans la production et la distribution des vaccins, mais a également souligné l'aspiration des BRICS à façonner les normes et les pratiques mondiales de manière plus équitable et favorable aux pays émergents et en développement.

De plus, le nationalisme vaccinal croissant a représenté un autre point de tension, avec des pays comme la Chine et la Russie utilisant la "diplomatie des vaccins" comme un outil pour étendre leur influence dans des régions clés telles que l'Afrique et l'Amérique latine. Cela a soulevé des questions sur la manière dont les pays BRICS peuvent équilibrer les intérêts nationaux avec ceux du groupe, en particulier lorsqu'il s'agit de relever des défis mondiaux qui nécessitent des réponses coordonnées et solidaires.

De plus, la trajectoire des BRICS sur la scène internationale est également influencée par les infrastructures de coopération au sein du groupe. La Nouvelle Banque de Développement (NDB) des BRICS, par exemple, joue un rôle crucial en finançant des projets d'infrastructure au sein des pays membres et en offrant une alternative aux mécanismes de prêt occidentaux. Cependant, la NDB doit également naviguer entre les tensions et les intérêts divergents de ses membres, cherchant à équilibrer la nécessité de financer des projets à la fois économiquement durables et géopolitiquement acceptables pour tous les pays BRICS.

L'expansion des technologies 5G constitue un autre domaine de coopération potentielle et de conflit entre les pays BRICS. La Chine, à travers des géants technologiques tels que Huawei, a considérablement progressé dans le développement et le déploiement de la technologie 5G, se positionnant en tant que leader mondial. Cependant, des préoccupations liées à la sécurité et à la protection des données personnelles, notamment de la part de l'Inde, montrent comment les BRICS peuvent se retrouver à la fois partenaires et rivaux sur l'échiquier de la technologie mondiale.

L'intersection de ces questions et de nombreuses autres, de la cybersécurité à l'intelligence artificielle, de la coopération spatiale à la gestion des ressources naturelles, dessinera la trajectoire future des BRICS dans le contexte international, façonnant leur capacité à opérer à la fois en tant que blocs de coopération et en tant que nations rivales, chacune ayant son propre agenda et ses propres priorités géopolitiques et géoéconomiques. L'exploration continue de ces dynamiques est donc essentielle pour comprendre les trajectoires potentielles des relations internationales futures et la configuration du pouvoir mondial à l'ère contemporaine.

En approfondissant davantage les nuances des relations intra-BRICS, nous pouvons remarquer comment l'interaction entre ces États révèle un mélange passionnant d'attentes, d'aspirations et de prudence. Alors que les relations économiques entre ces pays attirent souvent l'attention des médias mondiaux, un aspect moins exploré mais tout aussi crucial est le domaine de la sécurité et des alliances militaires.

Il est significatif de noter que, bien que les BRICS représentent un front uni sur de nombreuses questions économiques et politiques mondiales, la coopération en matière de sécurité n'a pas suivi un chemin parallèle. Les rivalités régionales, les différends territoriaux et les différences dans les modèles d'alliance et de sécurité ont conduit à un retard dans la formulation d'un front de sécurité commun. Prenons, par exemple, le triangle complexe des relations entre la Chine, l'Inde et la Russie.

Alors que la Russie et l'Inde ont entretenu de longues relations bilatérales positives, en particulier en ce qui concerne la coopération militaire et les achats d'armes, les relations entre l'Inde et la Chine ont été marquées par des tensions, soulignées par des différends territoriaux et une guerre frontalière récente. De même, les relations entre la Russie et la Chine sont complexes, mélangeant des éléments de coopération et de méfiance mutuelle, malgré une façade extérieure d'alliance stratégique.

La gestion de ces relations trilatérales complexes, dans le contexte plus large des BRICS, représente une danse géopolitique extrêmement délicate. Bien que le bloc ait réussi à articuler une vision commune pour un ordre mondial multipolaire et à travailler ensemble dans des forums internationaux tels que l'ONU pour promouvoir ces objectifs, la construction d'une structure cohérente de coopération en matière de sécurité est restée insaisissable.

Un autre élément qui mérite une attention particulière est l'augmentation croissante des inégalités économiques au sein des pays BRICS. Alors que ces pays ont souvent fait front commun dans les forums internationaux, soulignant la nécessité d'une représentation et d'une influence accrues pour les pays émergents, ils doivent également faire face à des questions d'inégalité et de justice sociale à l'intérieur de leurs frontières. Par exemple, bien que la Chine et l'Inde aient vu un nombre significatif de personnes sortir de la pauvreté au cours des dernières décennies, les deux pays sont confrontés à des défis importants en termes d'inégalités de revenus et de richesse.

La question environnementale est également cruciale. Les nations BRICS figurent parmi les plus grands émetteurs de gaz à effet de serre et ont été critiquées pour leurs politiques environnementales. Cependant, il est essentiel de souligner que ces nations cherchent également activement à équilibrer la croissance économique avec la durabilité environnementale, s'efforçant de concilier leur rôle de leaders dans le Sud du monde avec les besoins d'une croissance économique inclusive et durable. Par exemple, la Chine a massivement investi dans les énergies renouvelables et s'est engagée à atteindre la neutralité carbone d'ici 2060.

En conclusion, bien que les BRICS se présentent comme un bloc économique en pleine ascension, les dynamiques au sein du groupe, y compris la coopération économique, la rivalité stratégique et les tensions géopolitiques, demeurent un domaine riche pour l'exploration et l'analyse. La nécessité d'équilibrer les aspirations mondiales avec les défis régionaux et nationaux continue de guider les interactions au sein du groupe, offrant un paysage complexe et fascinant des relations internationales contemporaines. En ce qui concerne le thème "Conflits et Coopération" entre les membres des BRICS, l'examen des entrelacs complexes d'alliances, de défis et d'opportunités au sein du groupe soulève plusieurs questions cruciales pour l'avenir de l'ordre mondial. Les BRICS, composées du Brésil, de la Russie, de l'Inde, de la Chine et de l'Afrique du Sud, ont créé un forum unique qui, bien qu'étant caractérisé par un mélange complexe de coopération et de conflit, a potentiellement redéfini certaines dynamiques clés de la politique et de l'économie mondiales.

La coopération entre les membres des BRICS a souvent été mise en avant en termes d'initiatives économiques conjointes, telles que la Nouvelle Banque de Développement, et de positions unifiées dans divers forums multilatéraux. L'agenda commun des BRICS a généralement porté sur des thèmes tels que la réforme des institutions financières internationales, la promotion d'un ordre mondial plus multipolaire et le développement durable. Cependant, bien que ces thèmes aient offert un terrain d'entente, il est également évident qu'il existe des tensions significatives, parfois non exprimées ouvertement, entre les membres du bloc.

Les relations bilatérales entre les membres des BRICS sont extrêmement variables. Par exemple, la relation sino-indienne a été tendue en raison de différends territoriaux et de rivalités stratégiques dans le sous-continent indien et l'océan Indien. En revanche, la relation sino-russe a bénéficié d'une coopération relativement solide, notamment en termes de coordination dans les forums multilatéraux et de projets énergétiques communs. De même, tandis que la Russie a entretenu des relations amicales avec l'Inde, y compris une coopération profonde dans le domaine de la défense, le Brésil et l'Afrique du Sud ont parfois eu des rôles moins centraux dans les dynamiques de coopération et de conflit au sein du groupe.

Un autre défi critique au sein des BRICS est la gestion de la montée en puissance de la Chine. La vaste économie chinoise, son développement technologique rapide et son influence militaire croissante sont autant de facteurs qui pourraient influencer les dynamiques futures au sein du bloc, en particulier en ce qui concerne la manière dont les autres membres gèrent leurs relations avec Pékin. La Chine, bien qu'étant un moteur de croissance économique et un partenaire commercial clé pour tous les autres membres des BRICS, est également perçue comme une menace en termes de sécurité, en particulier pour l'Inde, mais aussi pour la Russie dans certains contextes.

Par conséquent, l'avenir des BRICS pourrait être fortement influencé par la capacité de ses membres à naviguer à travers ces complications et tensions internes. La durabilité du bloc en tant que forum de coopération économique et politique significatif dépendra largement de la volonté et de la capacité de ses membres à gérer à la fois les asymétries de pouvoir internes et les défis et opportunités découlant de l'évolution de l'ordre mondial.

Si le bloc peut servir de moyen pour atténuer et gérer les conflits entre ses membres, promouvoir des stratégies de développement partagées et élaborer des réponses collectives aux changements dans l'économie mondiale et la gouvernance internationale, les BRICS pourraient effectivement continuer à jouer un rôle clé dans le modèle des relations internationales et de la gouvernance mondiale dans un avenir proche. En revanche, si les tensions internes et les rivalités deviennent trop fortes, le potentiel du bloc d'agir en tant qu'entité unifiée et influente sur la scène mondiale pourrait diminuer.

En fin de compte, bien que la coopération au sein des BRICS ait le potentiel de façonner les tendances économiques et politiques mondiales, les profondes divergences et les tensions existantes entre ses membres représentent également des défis significatifs et difficilement surmontables. La poursuite du dialogue et de la coopération, à la fois formellement et informellement, sera essentielle pour naviguer à travers ces défis et pour développer davantage le potentiel des BRICS à influencer la structure de l'ordre mondial.

11. Rôle et Responsabilité des BRICS dans le Contexte du Changement Climatique

Le groupe des BRICS, composé de pays en industrialisation rapide et de croissance économique significative, joue un rôle crucial dans le contexte mondial du changement climatique. La collaboration et les actions entreprises par le Brésil, la Russie, l'Inde, la Chine et l'Afrique du Sud ont un impact considérable sur la scène internationale, principalement en raison de leurs émissions de gaz à effet de serre considérables, de leurs économies en croissance et de leur demande croissante en énergie.

Participation Active aux Initiatives Globales

Les nations BRICS jouent un rôle actif dans les négociations internationales sur le climat et lors des conférences des parties (COP) sous l'égide de la Convention-cadre des Nations Unies sur les changements climatiques (CCNUCC). Collectivement et individuellement, ces pays influencent la formation des politiques mondiales et contribuent à façonner les accords climatiques tels que l'Accord de Paris de 2015.

Défis Distincts et Divers

Chacun des pays des BRICS présente des défis distincts liés au changement climatique. Par exemple, l'Inde et la Chine sont parmi les plus grands émetteurs mondiaux de gaz à effet de serre, et bien qu'ils aient tous deux entrepris d'importantes initiatives pour accroître l'utilisation des énergies renouvelables, la dépendance au charbon demeure un problème majeur. D'autre part, le Brésil est confronté à des défis uniques liés à la déforestation en Amazonie et à la gestion durable de sa biodiversité.

Investissements dans les Énergies Renouvelables et les Technologies Vertes

Tous les pays BRICS ont investi de manière significative dans les énergies renouvelables et les technologies vertes. Par exemple, l'Inde a établi des objectifs ambitieux pour développer sa capacité en énergie solaire et éolienne. De son côté, la Chine est un leader mondial dans la production de panneaux solaires et d'éoliennes, tandis que le Brésil a une longue histoire de production de bioéthanol et a intégré les biocarburants dans son mix énergétique.

Divergences Politiques et Économiques

Malgré la coopération, il existe d'importantes divergences dans les politiques climatiques des nations BRICS. Alors que certains pays peuvent accorder la priorité à la croissance économique, d'autres peuvent mettre davantage l'accent sur la protection de l'environnement et l'atténuation du changement climatique. Ces divergences sont souvent liées à des facteurs économiques, sociaux et géopolitiques uniques à chaque nation, ce qui rend la coopération en matière de changement climatique à la fois une opportunité et un défi.

Vulnérabilité et Adaptation au Changement Climatique

Les pays BRICS sont également considérablement vulnérables aux impacts du changement climatique, tels que les phénomènes climatiques extrêmes, l'élévation du niveau de la mer et les modifications des modèles de précipitations. L'adaptation est essentielle pour garantir la protection des populations vulnérables, des infrastructures critiques et des écosystèmes essentiels contre les changements climatiques actuels et futurs.

Conclusion

Les BRICS, collectivement et individuellement, portent une part significative de la responsabilité et du pouvoir de façonner les réponses mondiales au changement climatique. La gestion efficace de leurs défis internes respectifs et la construction d'un consensus au sein du groupe peuvent renforcer l'efficacité de leurs actions sur la scène mondiale. La voie vers une coopération fructueuse exigera un équilibre entre les objectifs nationaux et collectifs, entre la croissance économique et la protection de l'environnement, ainsi qu'entre les initiatives nationales et la participation à des initiatives multilatérales.

12. Politiques de Défense et de Sécurité des BRICS dans le Nouvel Ordre Mondial

Les politiques de défense et de sécurité des nations BRICS sont intrinsèquement liées à leurs positions géopolitiques respectives, à leurs objectifs stratégiques et à leurs perceptions des menaces dans le nouveau ordre mondial. Bien que les BRICS soient relativement cohérents dans certains domaines, tels que le développement économique et les questions liées au changement climatique, ils présentent d'importantes divergences dans leurs approches et politiques en matière de défense et de sécurité.

Perspectives Individuelles sur les Menaces à la Sécurité et la Défense

Chaque État BRICS possède un ensemble distinct de perceptions des menaces et d'objectifs stratégiques. Par exemple, la Chine se concentre principalement sur la mer de Chine méridionale, Taiwan et les défis posés par les États-Unis dans la région. La Russie se concentre sur les pays de l'OTAN et sur les questions de sécurité en Europe de l'Est et dans l'Arctique. L'Inde a d'importantes préoccupations en matière de sécurité concernant ses voisins, en particulier le Pakistan et la Chine, tandis que le Brésil et l'Afrique du Sud se concentrent davantage sur les questions régionales et la paix et la sécurité à l'échelle continentale.

Mécanismes de Coopération au sein des BRICS

Les BRICS, par le biais de divers sommets et forums, cherchent à promouvoir le dialogue et la coopération en matière de sécurité et de défense, bien que les actions conjointes soient souvent limitées par des divergences d'intérêts nationaux. Les membres ont entrepris des initiatives pour renforcer la coopération dans des domaines tels que la cybersécurité, la lutte contre le terrorisme et le développement des capacités militaires, tout en favorisant le dialogue sur les questions de sécurité lors de réunions régulières des ministres de la Défense et de la Sécurité.

Conflits d'Intérêts et Tensions Bilatérales

Il existe également d'importantes tensions et conflits d'intérêts au sein du bloc. Un exemple notable est représenté par les tensions territoriales entre l'Inde et la Chine, qui ont même conduit à des affrontements armés le long de leurs frontières contestées. De telles tensions compliquent l'établissement d'une politique de défense et de sécurité commune et cohérente au sein du bloc des BRICS.

Les Membres des BRICS sur la Scène Mondiale

Chaque membre des BRICS cherche à affirmer son propre rôle et son influence sur la scène mondiale. La Russie et la Chine, en particulier, cherchent à défier l'ordre mondial existant en promouvant leur propre vision du monde et en cherchant à équilibrer l'influence occidentale. L'Inde, le Brésil et l'Afrique du Sud cherchent souvent à jouer un rôle de médiateur entre une large gamme d'intérêts et de coalitions mondiales, poursuivant une politique étrangère qui équilibre les relations à la fois avec l'Occident et d'autres puissances émergentes.

La Dimension Militaire et Stratégique

L'approche des BRICS en matière de défense et de sécurité est également fortement influencée par leurs capacités militaires et stratégiques respectives. La Chine et la Russie, avec des forces armées considérables et des arsenaux nucléaires, adoptent souvent une approche plus assertive dans leurs régions respectives que les autres membres des BRICS. L'Inde, en tant que puissance nucléaire, adopte également une approche robuste des questions de défense, tandis que le Brésil et l'Afrique du Sud mettent généralement l'accent sur la diplomatie préventive, la médiation et les missions de maintien de la paix.

Conclusions

Les politiques de défense et de sécurité des BRICS dans le nouveau ordre mondial sont un mélange de coopération et de compétition, les membres cherchant à équilibrer la promotion de leurs intérêts nationaux avec le maintien et le développement du bloc BRICS en tant qu'acteur international important. Les différentes perceptions des menaces, les priorités stratégiques et les objectifs géopolitiques, ainsi que les tensions bilatérales et les rivalités, rendent complexe et nuancée la dynamique de la coopération en matière de sécurité au sein des BRICS, reflétant les complexités et les paradoxes de l'ordre mondial contemporain.

Influence dans le Nouvel Ordre Mondial

Les BRICS, collectivement et individuellement, ont la capacité de façonner le paysage de la sécurité mondiale, en promouvant à la fois des objectifs partagés et divergents. Par exemple, bien qu'il y ait une convergence générale sur des thèmes tels que le multilatéralisme et la réforme des institutions mondiales, les stratégies spécifiques et les approches pour atteindre ces objectifs peuvent varier considérablement entre les membres.

Collaborations avec d'Autres Nations et Blocs

Les relations des BRICS avec d'autres nations et blocs de puissance sont également particulièrement significatives en termes d'impact sur la stabilité et la sécurité mondiales. La Russie et la Chine, par exemple, ont établi une étroite collaboration bilatérale sur de nombreux aspects de la défense et de la sécurité, tout en développant des relations avec d'autres nations par le biais de forums et d'organisations tels que l'Organisation de coopération de Shanghai (OCS). L'Inde, bien qu'elle partage certains forums avec la Russie et la Chine, a également développé de solides liens avec des nations occidentales et d'autres démocraties mondiales, compliquant davantage la dynamique interne des BRICS.

L'Industrie de l'Armement et les Stratégies Militaires

L'industrie de l'armement et les stratégies militaires des nations BRICS sont également un aspect crucial. Par exemple, la Chine a considérablement élargi sa présence dans l'industrie mondiale de l'armement, devenant l'un des plus grands exportateurs d'armes au monde et influençant ainsi les dynamiques de pouvoir dans différentes régions. Dans le même temps, la Russie a cherché à maintenir et à étendre son influence en tant qu'acteur principal sur le marché mondial de l'armement.

Questions Nucléaires

La question nucléaire est un autre domaine où les politiques des BRICS ont un impact significatif. La Russie et la Chine sont des puissances nucléaires établies, tandis que l'Inde, bien qu'elle possède des armes nucléaires, n'est pas reconnue comme un État nucléaire par le Traité sur la non-prolifération des armes nucléaires (TNP). Les différentes positions et stratégies nucléaires des nations BRICS influencent non seulement leurs relations bilatérales, mais aussi les dynamiques de sécurité régionale et mondiale, la stabilité stratégique et les efforts de non-prolifération.

Cybersécurité et Guerre de l'Information

En termes de cybersécurité et de guerre de l'information, les nations BRICS jouent un rôle de plus en plus important, faisant face à des défis à la fois en tant que victimes et acteurs d'activités malveillantes dans l'espace cybernétique. Les stratégies de défense cybernétique, l'utilisation des technologies de l'information et de la communication (TIC) pour la défense et la sécurité, ainsi que les capacités offensives dans le cyberespace sont tous des domaines d'accentuation et de développement croissants pour les nations BRICS.

Projection du Pouvoir Global

La projection du pouvoir militaire et la démonstration de force, par le biais d'exercices militaires, de déploiements et d'opérations à l'étranger, sont d'autres moyens par lesquels les BRICS cherchent à affirmer et à façonner leur rôle dans le nouveau ordre mondial. L'engagement dans des missions de maintien de la paix sous l'égide des Nations Unies, ainsi que des opérations unilatérales ou multilatérales dans des contextes spécifiques, sert de moyen pour faire progresser les intérêts, établir des références et influencer la sécurité régionale et mondiale.

La Complexité des Politiques de Défense et de Sécurité des BRICS

La complexité et les facettes des politiques de défense et de sécurité des BRICS dans le nouveau ordre mondial offrent un large éventail de domaines pour des analyses et des discussions plus approfondies, fournissant à la fois des opportunités et des défis pour la coopération et la compétition entre les membres et avec d'autres acteurs mondiaux.

Utilisation de la Technologie dans le Domaine de la Défense

L'incorporation de technologies avancées dans les programmes de défense des BRICS a eu un impact substantiel sur leur capacité à projeter leur puissance et à influencer. L'introduction de technologies telles que l'intelligence artificielle, les drones et les plateformes de guerre cybernétique a élargi les capacités opérationnelles et stratégiques des BRICS, tout en soulevant de nouvelles questions éthiques et stratégiques. Les technologies émergentes ont également le potentiel de redéfinir la nature du conflit, en déplaçant de plus en plus l'attention vers des domaines non traditionnels tels que le cyberespace et l'espace extraterrestre.

Tensions Territoriales et Stratégies de Défense

Les questions liées aux tensions territoriales et aux stratégies de défense nationale constituent un autre domaine méritant une attention plus poussée. Par exemple, l'Inde et la Chine ont connu des situations de tension le long de leurs frontières montagneuses, ce qui a inévitablement influencé les politiques de sécurité régionale et mondiale. Dans le même temps, la Russie fait face à ses propres défis en matière de sécurité territoriale et d'intégrité, qu'il s'agisse de ses régions occidentales et de ses relations avec l'OTAN, ou de ses régions méridionales concernant les questions de sécurité dans le Caucase.

Idéologies Politiques et Nationalisme

Les idéologies politiques et le nationalisme jouent également un rôle fondamental dans les politiques de défense des BRICS. La montée croissante du nationalisme dans chacun de ces pays pourrait renforcer les politiques de défense existantes et, en même temps, encourager potentiellement une plus grande assertivité sur la scène mondiale. Cela pourrait à la fois promouvoir l'unité au sein des nations BRICS et créer des tensions au sein du groupe et avec d'autres nations.

Implications Économiques des Politiques de Défense

Les implications économiques des politiques de défense et de sécurité sont un autre facteur crucial à prendre en compte. Les investissements dans les forces armées et la modernisation militaire peuvent avoir à la fois des avantages et des inconvénients pour les économies nationales des BRICS. D'une part, cela peut stimuler les secteurs industriels liés à la défense et créer des emplois, tandis que d'autre part, cela pourrait également détourner des ressources précieuses d'autres secteurs vitaux tels que l'éducation et la santé.

Coopération Militaire Interne La coopération militaire entre les nations BRICS représente une autre dimension digne de mention. Malgré les nombreuses tensions bilatérales entre les membres, telles que celles entre l'Inde et la Chine, le bloc a cherché à consolider une certaine mesure de coopération militaire. Les exercices militaires conjoints et les forums de dialogue sur la sécurité au sein des BRICS sont des instruments par lesquels le bloc tente de naviguer et d'atténuer les tensions internes tout en poursuivant des objectifs de sécurité communs.

Rivalités Géopolitiques avec d'Autres Blocs Les rivalités géopolitiques et les dynamiques de pouvoir avec d'autres blocs et nations en dehors des BRICS sont une réalité persistante qui influence inévitablement les politiques de défense et de sécurité du groupe. La relation des BRICS avec des nations et des groupes tels que les États-Unis, l'Union européenne et l'OTAN est complexe et multifacette, caractérisée par un mélange de coopération dans certains domaines et de concurrence et de conflit dans d'autres.

Normes Internationales et Droit International Enfin, l'adhésion et l'interprétation des normes internationales et du droit international constituent un autre élément clé. Les politiques de défense des BRICS et leur impact sur le nouvel ordre mondial dépendent également de leur volonté de se conformer, de défier ou de redéfinir les normes et les structures légales internationales existantes, dans des domaines allant du désarmement au droit maritime.

Chacun de ces éléments offre un aperçu perspicace du paysage complexe des politiques de défense et de sécurité des BRICS et de leurs implications pour l'ordre mondial contemporain. Cependant, il est essentiel de souligner que la nature en constante évolution des dynamiques géopolitiques et des relations internationales nécessite un examen continu et une réévaluation des stratégies et des politiques en question.

Une emphase particulière est mise sur l'impact des politiques de défense et de sécurité des BRICS sur la configuration du pouvoir mondial, et comment ces politiques sont imprégnées et, en quelque sorte, façonnées en réponse à la mondialisation et aux défis de l'architecture de sécurité mondiale moderne.

Conflits Asymétriques et Nouvelles Menaces Dans le contexte actuel, nous sommes confrontés à des menaces et à des conflits asymétriques tels que le terrorisme, la guerre cybernétique et les bio-menaces, qui nécessitent une réévaluation des structures traditionnelles de défense et de sécurité. Par exemple, les cyberattaques ont le potentiel de compromettre les infrastructures critiques, de perturber les économies nationales et de menacer la sécurité nationale. La guerre cybernétique et la désinformation sont devenues des outils de plus en plus prédominants dans l'arsenal stratégique des nations, visant à déstabiliser les sociétés et à politiser les divisions internes.

Cybersécurité et Guerre Cybernétique Les BRICS, en tant que puissances émergentes, s'engagent activement dans le développement de leurs capacités dans le domaine cybernétique, cherchant non seulement à se protéger contre les menaces, mais aussi à élaborer des outils pouvant être utilisés à des fins défensives et offensives. L'intégration de la technologie dans leurs appareils militaires et de sécurité reflète non seulement une adaptation aux menaces modernes, mais aussi une aspiration à exercer un plus grand contrôle et influence dans le domaine cybernétique mondial.

Course aux Armements et Désarmement Les tensions sont également palpables en ce qui concerne la course aux armements et les politiques de désarmement. Les BRICS sont eux-mêmes engagés dans une série de relations complexes impliquant à la fois la course aux armements et les efforts de désarmement. Les arsenaux nucléaires de l'Inde, de la Russie et de la Chine, ainsi que leurs politiques de dissuasion, ainsi que la prolifération des technologies militaires avancées, sont tous des questions qui doivent être examinées à travers le prisme des dynamiques internes des BRICS et de leurs relations avec les autres nations.

Implications Sociales des Politiques de Défense Les implications sociales des politiques de défense et de sécurité méritent également une attention particulière. La militarisation, les dépenses de défense et l'accent croissant sur la sécurité peuvent avoir des répercussions sur les droits civils, la distribution des ressources et les priorités de développement. De plus, le renforcement des structures militaires et de sécurité dans chacune des nations BRICS peut avoir des implications différentes pour les droits de l'homme, la liberté d'expression et la gestion des protestations et des dissensions internes.

Relations BRICS et Anciennes Puissances De plus, la manière dont les BRICS interagissent avec les "anciennes puissances", c'est-à-dire les États-Unis et les pays européens, ainsi que leurs politiques à l'égard de nations stratégiquement importantes telles que l'Iran, la Corée du Nord et le Pakistan, indique la direction que le nouveau ordre mondial pourrait prendre. Alors qu'ils cherchent à réaffirmer et à solidifier leur influence et leur présence dans différentes régions, ils sont simultanément engagés dans une forme d'équilibrage du pouvoir avec les États-Unis et l'Europe, oscillant entre coopération et confrontation.

Politiques de Sécurité Régionale Du point de vue de la sécurité régionale, chacune des nations BRICS est impliquée dans une série de conflits et de tensions qui exigent une combinaison d'approches diplomatiques, militaires et de sécurité pour les gérer et les atténuer. Par exemple, l'implication de la Russie en Ukraine et en Syrie, de l'Inde dans ses voisins régionaux et dans les conflits transfrontaliers, et de la Chine en mer de Chine méridionale représentent des défis importants qui façonnent leurs politiques de sécurité respectives et influencent également la dynamique au sein du bloc BRICS.

Conclusion La question des politiques de défense et de sécurité des BRICS ne peut être abordée sans une compréhension approfondie des défis spécifiques auxquels chacun des membres est confronté au niveau national et international. Chaque nation, tout en partageant certaines aspirations et objectifs avec les autres membres du bloc, traverse un ensemble unique de défis et d'opportunités qui reflètent leurs circonstances géopolitiques, historiques et socio-économiques particulières.

Cependant, le dialogue et la coopération en matière de défense et de sécurité au sein du bloc BRICS resteront au centre de leurs stratégies individuelles et collectives, visant à réaffirmer leur rôle et leur influence dans le nouveau ordre mondial, et potentiellement à réécrire certaines des règles et des normes qui gouvernent les relations internationales et la sécurité mondiale. En fin de compte, une analyse précise des stratégies de défense et de sécurité des BRICS nécessite un engagement continu pour comprendre et interpréter les évolutions en cours dans le paysage géopolitique et de sécurité mondiale, qui sont dans un état de flux constant.

Conclusion : Les BRICS dans le Débat Mondial sur la Défense et la Sécurité Le profil émergent des BRICS sur la scène internationale, ancré dans leurs politiques de défense et de sécurité, représente une introduction significative à de nouvelles dynamiques et forces dans l'arène géopolitique mondiale. La diversité et la complexité des défis de sécurité auxquels sont confrontés les pays BRICS, associées à leurs ambitions mondiales et régionales, génèrent un tissu complexe de collaboration, de compétition et, dans certains cas, de confrontation.

Stratégies Bilatérales et Multilatérales : Les politiques de défense et de sécurité des BRICS sont modulées à travers un mélange de stratégies bilatérales et multilatérales, cherchant à équilibrer les tensions intrinsèques entre la souveraineté nationale et la coopération internationale. Cet équilibre complexe se manifeste dans les diverses alliances, accords de sécurité et engagements diplomatiques, tant au sein du bloc BRICS qu'avec d'autres nations et blocs régionaux.

Innovations dans le Secteur de la Défense : Du point de vue militaire et technologique, les BRICS ont parcouru des chemins considérables, consacrant d'importantes ressources au développement de capacités militaires avancées et à l'adoption de technologies émergentes. Cela renforce non seulement leurs capacités défensives, mais projette également une image de puissance militaire qui peut être utilisée comme un instrument d'influence et de dissuasion géopolitique.

Dynamiques de Pouvoir : Les dynamiques de pouvoir entre les BRICS et les pays occidentaux établis, en particulier les États-Unis et les alliés de l'OTAN, représentent une danse continue de coopération et de rivalité. Dans différents théâtres, tels que le Moyen-Orient et l'Asie, les BRICS cherchent à affirmer leur influence, parfois en conflit avec les intérêts occidentaux, créant un équilibre géopolitique en évolution.

Défis de la Mondialisation et de la Sécurité Collective : La mondialisation et les défis transnationaux, tels que le terrorisme, les conflits asymétriques et la cybersécurité, exigent une réponse commune et des stratégies de sécurité innovantes. La connexion entre les menaces transnationales et la sécurité intérieure crée un environnement où la coopération multilatérale devient essentielle, malgré les rivalités et les différences idéologiques.

Stabilité Régionale : Sur le plan régional, les pays BRICS jouent des rôles cruciaux dans l'établissement ou, dans certains cas, la perturbation de l'équilibre des pouvoirs, influençant la paix et la stabilité. Comprendre comment leurs politiques de défense influencent les tensions régionales et mondiales est vital pour déchiffrer l'avenir de la sécurité internationale.

Réflexions Finales : En résumé, alors que les BRICS s'affirment comme des acteurs clés dans le contexte de la sécurité mondiale, leur impact est aussi multifacette que complexe. La cohésion interne du bloc, malgré les différences et les querelles bilatérales, symbolise un effort concerté de repositionnement dans la hiérarchie mondiale. Cependant, les individualités nationales et les agendas géopolitiques individuels continuent de façonner les trajectoires distinctes de leurs politiques de défense et de sécurité, offrant un paysage riche et parfois contradictoire d'alliances, de rivalités et de stratégies coopératives.

Le chemin futur des BRICS, en tant qu'entité collective et en tant que nations individuelles, demeure un parcours rempli de potentiel, de défis et d'incertitudes, qui nécessitera une navigation attentive à travers les couloirs complexes de la politique de défense et de sécurité mondiale. Analyser et comprendre les subtilités de leurs politiques, stratégies et alliances sera essentiel pour anticiper la direction du nouvel ordre mondial émergent et les implications de ces puissances dans le contexte de la stabilité et de la sécurité mondiales.

Impact des Cultures et des Sociétés des BRICS sur le Monde L'impact des cultures et des sociétés des pays BRICS sur le monde est immense et multidimensionnel, imprégnant divers secteurs, de l'économique au politique, et influençant les discours mondiaux sur le développement, les droits de l'homme et la diversité culturelle. Les cultures des BRICS, en raison de leurs racines historiques, démographiques et sociales, présentent un patchwork de traditions, de pratiques, de langues et de croyances qui influencent profondément le paysage global.

Diversité et Richesse Culturelle :

1. **Diversité Linguistique et Religieuse :** • Les BRICS abritent une myriade de langues et de religions, créant un patchwork culturel qui informe et enrichit le dialogue mondial sur la tolérance et la diversité.

2. **Patrimoine et Histoire :** • Chaque nation BRICS possède un riche patrimoine culturel et historique, reflétant souvent les anciennes civilisations et les traditions profondes qui ont façonné les sociétés mondiales au fil des siècles.

Art et Expression Culturelle :

3. **Cinéma et Médias :** • Des pays comme l'Inde, avec Bollywood, et le Brésil, avec ses expressions cinématographiques et télévisuelles vibrantes, ont imprégné la culture populaire mondiale, influençant l'esthétique et les récits mondiaux.

4. **Art et Littérature :** • Les artistes et les écrivains des BRICS ont eu une influence significative sur les discours culturels et artistiques mondiaux, apportant des perspectives diverses et des récits dans les arts mondiaux.

Influence Sociale et Démographique :

5. **Dynamiques de Population :** • La grande population de pays comme la Chine et l'Inde guide non seulement les marchés mondiaux, mais aussi la diffusion et l'adoption de tendances culturelles et sociales.

6. **Migrations et Diaspora :** • Les vastes diasporas des pays BRICS dans le monde servent de ponts culturels, facilitant les échanges et l'intégration culturelle entre différentes régions du monde.

Éducation et Recherche :

7. **Échanges Académiques et Recherche :** • Les institutions académiques des BRICS contribuent de

manière significative à la recherche mondiale et aux échanges académiques, promouvant ainsi la connaissance et les innovations culturelles, scientifiques et technologiques.

Politique et Société :

8. **Modèle Social :** • Les modèles sociaux et politiques, tels que le modèle de développement économique de la Chine, ont influencé les discours mondiaux sur le développement et la gouvernance.

9. **Mouvements pour les Droits Civiques :** • Des mouvements tels que la lutte contre l'apartheid en Afrique du Sud servent d'inspiration et de référence pour les luttes mondiales pour les droits civils et la justice.

Cuisine et Gastronomie :

10. **Cuisine Globale :** • La gastronomie des nations BRICS a influencé les palais et les cuisines du monde entier, rendant des plats tels que le curry indien ou la feijoada brésilienne mondialement reconnus.

Mode et Style : 11. **Mode et Design :** • Les stylistes et les designers des BRICS ont influencé l'industrie de la mode et du design, en introduisant des tissus, des styles et des tendances uniques sur la scène mondiale.

Tourisme et Échanges Culturels :

12. **Tourisme et Exploration :** • Des endroits tels que la Chine avec sa Grande Muraille et le Brésil avec son emblématique Christ Rédempteur attirent des visiteurs du monde entier, favorisant les échanges culturels et la compréhension mutuelle.

En résumé, les sociétés et les cultures des BRICS, avec leur singularité et leur diversité, ont tissé une influence omniprésente et durable à travers le tissu socioculturel du monde, façonnant et enrichissant continuellement le dialogue et les interactions mondiales de multiples manières. Leur influence ne se limite pas à une seule dimension, mais se ramifie à travers une multitude de secteurs, définissant et redéfinissant les dynamiques et les courants mondiaux d'une manière à la fois tangible et subtile, projetant leurs voix et leurs valeurs bien au-delà de leurs frontières nationales.

L'importance des BRICS dans le contexte culturel et social mondial peut être approfondie en explorant divers **aspects clés** qui mettent en lumière la **profondeur et l'ampleur** de leurs **influences à l'échelle mondiale.**

Langues et Littératures des BRICS : L'impact **des langues et des littératures des BRICS** ne peut être sous-estimé. Par exemple, la **littérature russe**, avec des œuvres pionnières d'auteurs comme Tolstoï et Dostoïevski, a offert au monde entier un aperçu des **complexités de la psyché et de la**

société humaine. De même, la **riche diversité linguistique de l'Inde**, qui comprend un nombre immense de langues et de dialectes, devient un catalyseur pour la **préservation et la promotion d'une diversité culturelle incommensurable**, alimentant ainsi des **dialogues et des récits à plusieurs niveaux** et créant des **ponts d'intercompréhension interculturelle**.

Philosophies et Croyances des BRICS : Les **philosophies et les croyances ancrées dans les nations BRICS** ont également eu un impact énorme à l'échelle mondiale. La **philosophie indienne**, par exemple, avec ses **nombreuses courants de pensée**, a exploré la nature de l'existence et de la réalité de manière qui a influencé non seulement l'Orient, mais aussi la pensée occidentale, en termes de **spiritualité et de métaphysique**. De même, le **confucianisme chinois** a fourni un cadre éthique et moral qui a influencé la gouvernance et les relations sociales dans toute l'Asie orientale et au-delà.

Festivités et Traditions des BRICS : Les **festivités et les traditions** des nations BRICS offrent une autre couche d'influence culturelle. Par exemple, le **Carnaval brésilien** et le **Festival des Lanternes chinois** ne sont pas seulement des célébrations culturelles dans leurs pays respectifs, mais sont devenus des événements mondiaux attirant des visiteurs internationaux et influençant les célébrations culturelles et les expressions artistiques dans le monde entier. Ils symbolisent l'expression de la joie, de l'unité et de la perpétuation des traditions à travers les générations, servant de **liens vitaux** entre le passé, le présent et l'avenir.

BRICS dans l'Économie Créative Globale : La **présence des BRICS dans l'économie créative mondiale** est un autre domaine qui mérite attention. **L'Inde**, avec son puissant secteur du logiciel, et **la Chine**, avec son industrie manufacturière massive, ont influencé non seulement les marchés mondiaux, mais aussi les pratiques et les stratégies commerciales à l'échelle mondiale. Cela a à son tour **modifié les dynamiques des économies mondiales** et a défini de nouvelles voies pour la collaboration et la compétition internationale.

Rôle des Femmes dans les Sociétés BRICS : Le **rôle des femmes dans les sociétés BRICS** et leur **impact à l'échelle mondiale** est une autre dimension significative. De **figures comme Indira Gandhi en Inde** à **Dilma Rousseff au Brésil**, les femmes des nations BRICS ont occupé des postes de leadership et ont influencé les politiques et les discours tant au niveau national qu'international. Leurs expériences, défis et triomphes servent de **modèles et d'inspiration** pour les femmes et les filles du monde entier, élevant les débats sur les droits des femmes et l'égalité des sexes dans le contexte mondial.

Musique et Danse des BRICS : De plus, l'influence de la **musique et de la danse des BRICS** s'étend bien au-delà de leurs frontières nationales. **La samba brésilienne, le kathak indien** et **le ballet russe** ne sont que quelques exemples de la manière dont les formes artistiques des BRICS ont traversé les frontières géographiques, devenant une partie intégrante de la culture mondiale et offrant au monde une richesse d'expressions artistiques et créatives.

La multifacetté des sociétés et cultures des BRICS, donc, non seulement enrichit leur tissu socio-culturel interne, mais étend également leurs mains influentes à travers le globe, s'entremêlant avec et influençant la carte culturelle et sociale mondiale de diverses manières et profondément. Dans chaque domaine, des arts aux philosophies, des traditions aux innovations, les BRICS continuent de jouer un rôle crucial dans la formation et la direction des flux culturels et sociaux mondiaux, construisant des ponts de compréhension, de collaboration et d'échange dans un monde de plus en plus interconnecté et interdépendant.

Cuisine et Gastronomie des BRICS Un autre domaine dans lequel les BRICS exercent une influence notable à l'échelle mondiale est la cuisine. La vaste et diversifiée richesse des traditions culinaires de ces nations se reflète dans une profusion de saveurs, de techniques et d'ingrédients largement adoptés et adaptés à travers le monde. Considérons, par exemple, la cuisine indienne, célèbre pour l'utilisation judicieuse d'épices et d'herbes aromatiques, qui a conduit à la création de plats internationalement connus et appréciés tels que le curry ou le biryani. En observant la cuisine brésilienne, le feijoada, un plat à base de haricots noirs et de viande, illustre la fusion des influences culinaires qui caractérisent la nation, explorant et mélangeant habilement les racines culturelles autochtones, africaines et portugaises.

Cinématographie des BRICS Le cinéma est un autre moyen par lequel les BRICS transmettent leur culture et leur société, exerçant une influence significative à l'échelle mondiale. L'industrie cinématographique de Bollywood en Inde, par exemple, ne génère pas seulement un impact culturel substantiel au niveau national, mais elle a également un large public international, avec une base de fans qui s'étend de Londres à Lagos. De manière similaire, le cinéma chinois a acquis une résonance internationale, montrant au monde non seulement l'histoire et la culture riches de la Chine, mais aussi sa modernisation et ses dynamiques sociales et politiques actuelles.

Tourisme Culturel Le tourisme culturel est un autre secteur dans lequel les BRICS ont eu un impact majeur, chaque nation attirant des visiteurs du monde entier désireux d'explorer leurs riches offres historiques et culturelles. Des villes comme Rio de Janeiro au Brésil et Saint-Pétersbourg en Russie sont célèbres pour leur précieux patrimoine culturel, offrant aux touristes un aperçu des racines historiques et de la modernité vibrante de ces nations. Ces lieux deviennent des creusets d'échange culturel et des points de connexion entre les citoyens des BRICS et le reste du monde, alimentant la compréhension mutuelle et le respect entre les différentes cultures et peuples.

Innovations Technologiques et Sociétales Les BRICS sont également d'importants moteurs d'innovations technologiques et sociétales qui influencent les sociétés à l'échelle mondiale. Les innovations en matière de TIC en provenance d'Inde, par exemple, ont propulsé la nation vers un avenir numérique tout en offrant des solutions technologiques aux pays en développement du monde entier. Les innovations chinoises en termes d'infrastructures et de technologie, telles que le système de paiement numérique Alipay, ont influencé la manière dont les sociétés gèrent les transactions financières et les interactions économiques, suggérant de nouveaux modèles et pratiques pouvant être adoptés et adaptés dans différents contextes mondiaux.

Éducation et Recherche L'éducation et la recherche dans les nations BRICS jouent également un rôle crucial dans la formation de l'avenir mondial. Les institutions éducatives dans ces pays forment non seulement les futures générations de leaders, penseurs et innovateurs, mais elles développent également des recherches et des innovations susceptibles de relever des défis mondiaux dans des domaines tels que la médecine, la technologie et les sciences de l'environnement.

Mouvements Sociaux Enfin, les mouvements sociaux au sein des nations BRICS ont souvent un écho mondial, fournissant des idées et de l'inspiration pour des discussions et des actions à l'échelle internationale. Qu'il s'agisse de questions de genre, d'environnement ou de droits de l'homme, ces mouvements reflètent les dynamiques, les défis et les aspirations des sociétés BRICS, se présentant comme des miroirs à travers lesquels ces nations sont perçues à l'échelle mondiale.

À travers ces nombreuses facettes, les cultures et les sociétés des BRICS s'entrecroisent et interagissent avec la scène mondiale, contribuant à façonner non seulement leur propre avenir, mais aussi celui de la communauté mondiale dans son ensemble.

En résumé, les cultures et les sociétés des nations BRICS tissent une trame complexe et variée d'influences et d'interactions qui imprègnent la scène mondiale de multiples manières.

Patrimoine culturel mondial

Chaque membre des BRICS contribue d'une manière unique au patrimoine culturel mondial à travers l'art, la musique, la littérature et des traditions historiques en constante évolution. Ce patrimoine culturel continue de partager la texture de l'histoire et de l'identité nationale du pays, mais il est également étroitement lié aux cultures du monde, créant de nouveaux points d'interconnexion et de dialogue interculturel.

Synergies et frictions culturelles

La pluralité des expressions culturelles et sociales au sein des pays BRICS repose sur des synergies et des frictions. Des synergies émergent grâce à l'adaptation mutuelle des idées et des cultures pratiques, de sorte que des frictions peuvent surgir en raison de différences idéologiques, d'asymétries dans la possibilité d'une forte influence et de priorités différentes en termes de politiques culturelles et sociales.

Amplificateurs de changement social

Les sociétés BRICS agissent également comme des amplificateurs du changement social, proposant de nouveaux récits et paradigmes qui remettent en question le statu quo aux niveaux national et international. Il est produit à travers des mouvements

sociaux, des initiatives d'activisme culturel et politique,
également pour la création et la diffusion de contenus
médiatiques et artistiques véhiculant des messages
puissants et souvent transformateurs.

Intégration et divergence

Les BRICS, avec leurs cultures et sociétés distinctes,
sont à la croisée des chemins d'intégration et de
divergence. D'un autre côté, la coopération
multilatérale dans différents domaines a favorisé
l'intégration et le partage d'objectifs communs. D'un
autre côté, les divergences se manifestent clairement
dans les différentes trajectoires de développement
social et culturel, les différentes approches de la
gouvernance et de la résolution des conflits, voire dans
les différentes perceptions et réponses aux défis
mondiaux.

Leadership culturel

Les pays BRICS cherchent à affirmer une culture de
leadership en projetant leurs valeurs, leurs pratiques et
leurs pratiques au-delà de leurs frontières. Ce
leadership se manifeste à travers différents canaux,
comme la production cinématographique, les

événements culturels internationaux et la promotion des langues autochtones sur la scène mondiale.

Projection vers le futur

En fin de compte, la projection des BRICS vers l'avenir se concrétise par leurs efforts collectifs et individuels pour créer un développement social et culturel durable et inclusif. C'est la clé pour promouvoir l'innovation, adopter les technologies émergentes et s'engager en faveur d'une plus grande équité et inclusion au sein de leurs propres entreprises et dans le monde international.

En fin de compte, alors que les BRICS continuent d'explorer de nouvelles frontières de coopération et de relever les défis inhérents à leurs diverses identités culturelles et sociales, la compréhension mutuelle et le respect des valeurs partagées sont essentiels pour créer un avenir commun et construit dans le même bloc et dans le contexte mondial plus large. L'analyse de la culture et de la société des BRICS offre une fenêtre pour explorer la dynamique et le potentiel de ce groupe de nations influentes sur la scène mondiale.14. Istituzioni Finanziarie • Ruolo delle istituzioni finanziarie delle BRICS, come la Banca dei BRICS.

Le rôle des institutions financières dans les nations BRICS, telles que la Banque des BRICS, est fondamental dans la formation du paysage économique et financier non seulement au sein du bloc, mais aussi à l'échelle mondiale.

Banque des BRICS: Un Pilier du Développement Économique La Banque des BRICS, officiellement connue sous le nom de Nouvelle Banque de Développement (NBD), a été créée en 2014 en réponse directe à la nécessité d'un nouveau mécanisme financier pouvant soutenir les projets d'infrastructure et de développement durable dans les économies émergentes et les pays en développement. La NBD joue un rôle clé dans:

• **Financement de Projets d'Infrastructure**: Elle offre des financements et un soutien pour les projets d'infrastructure et de développement durable au sein des pays BRICS.

• **Coopération Financière**: Elle sert de plateforme pour la coopération financière entre les membres, facilitant le commerce et l'investissement par le biais de la création de mécanismes financiers partagés et solidaires.

• **Complément et Alternative**: Elle agit en complément et en alternative aux institutions financières existantes, répondant de manière plus spécifique aux besoins et aux dynamiques des pays BRICS et d'autres économies émergentes.

Le Rôle Multidimensionnel des Institutions Financières BRICS

1. **Déclencher la Croissance Économique** Les institutions financières des BRICS jouent un rôle stratégique dans le déclenchement de la croissance économique en finançant des projets et des initiatives susceptibles d'améliorer les infrastructures et de créer des opportunités d'investissement.

2. **Réduction de la Pauvreté et Développement Durable** Elles sont essentielles pour orienter les efforts de réduction de la pauvreté et de développement durable en fournissant des ressources et un soutien technique pour des projets et des politiques favorisant l'inclusion sociale et économique.

3. **Stabilisation Économique** Elles agissent en tant que stabilisateurs économiques en contribuant à atténuer les vulnérabilités économiques grâce à la fourniture de fonds et à la mise en œuvre de politiques financières coordonnées en période de crise.

4. **Commerce et Investissements** Elles facilitent le commerce et les investissements en

créant des plates-formes et des mécanismes rendant plus facile et plus rentable la collaboration et l'investissement mutuel des États membres.

Perspectives et Défis Futurs • Équité et Transparence: Assurer que les ressources et les avantages découlant des institutions financières sont distribués équitablement et de manière transparente entre tous les membres. • **Gouvernance et Responsabilité**: Mettre en place des mécanismes de gouvernance solides et transparents garantissant la responsabilité et l'efficacité des institutions financières. • **Adaptabilité et Résilience**: Évoluer et s'adapter aux évolutions des dynamiques économiques mondiales, garantissant que les institutions financières sont résilientes face aux défis futurs. • **Collaboration Mondiale**: Promouvoir une collaboration plus étroite avec d'autres institutions financières internationales et régionales.

En résumé, les institutions financières des BRICS, telles que la Banque des BRICS, représentent un pilier fondamental pour soutenir et promouvoir un développement économique durable et intégré entre les pays membres et au-delà. Leur capacité à naviguer à travers les défis et à tirer parti des opportunités déterminera largement l'avenir de la coopération économique et financière au sein du bloc BRICS et dans le système financier mondial plus large.

En poursuivant la discussion sur l'importance des institutions financières au sein du bloc BRICS, il devient évident que l'entrelacement d'éléments économiques, sociaux et politiques est au cœur de l'analyse de la capacité de ces institutions à influencer la géopolitique et l'économie mondiale.

Intégration Financière L'intégration financière entre les pays BRICS est cruciale pour la solidité et la résilience de l'ensemble du bloc. Cette intégration ne se limite pas uniquement au financement de projets d'infrastructure, mais s'étend également à la création d'un système financier solide et interconnecté capable de répondre aux besoins spécifiques des pays membres. De plus, l'établissement d'un système de paiement BRICS, facilitant les transactions commerciales au sein du bloc, représente un autre aspect fondamental pour renforcer l'intégration financière et économique entre les pays membres.

Développement du Secteur Privé Les institutions financières des BRICS jouent également un rôle essentiel dans le développement du secteur privé dans les pays membres, en fournissant des financements et un soutien aux petites et moyennes entreprises (PME) et en lançant des projets qui peuvent stimuler l'innovation et l'entrepreneuriat. Dans ce contexte, les PME et les start-ups émergentes peuvent accéder à des capitaux et à des ressources qui seraient autrement difficiles à obtenir, stimulant ainsi l'innovation, la création d'emplois et la croissance économique.

Interaction avec les Économies Mondiales Il est également pertinent de considérer l'interaction des institutions financières BRICS avec les économies mondiales et comment elles influencent et sont influencées par les dynamiques économiques et financières internationales. La capacité des institutions financières BRICS à naviguer à travers les hauts et les bas de l'économie mondiale, tout en garantissant la stabilité et la croissance des pays membres, est un élément clé dans la construction d'un système financier mondial plus équilibré et durable.

Défis dans la Réalisation de Projets Les défis dans la réalisation de projets au niveau local et régional sont également un domaine clé à examiner. Malgré la disponibilité de fonds et de ressources, il existe souvent des obstacles bureaucratiques, techniques et sociaux qui entravent la mise en œuvre efficace de projets d'infrastructure et de développement. Dans ce sens, les institutions financières BRICS doivent non seulement assurer la disponibilité de capitaux, mais aussi faciliter la concrétisation des projets en offrant une expertise technique, en gérant les questions socio-environnementales et en surmontant les obstacles bureaucratiques.

Implications Environnementales et Sociales Les implications environnementales et sociales des projets financés par les institutions financières BRICS sont un autre point à considérer attentivement. Le financement de grands projets d'infrastructure peut avoir des impacts importants sur l'environnement et les communautés locales. Il devient donc impératif que les institutions financières adoptent une approche responsable et durable de l'investissement, en veillant à ce que les projets soient à la fois économiquement rentables et environnementalement et socialement durables.

Dynamiques de Pouvoir Interne Analyser les dynamiques de pouvoir internes aux institutions financières BRICS et comment elles influencent les décisions et les politiques de l'institution est également un élément critique. La répartition du pouvoir décisionnel, les tensions et les alliances entre les pays membres, et comment ces dynamiques se reflètent dans les opérations et les initiatives des institutions financières, offrent des insights intéressants sur la fonctionnalité et l'efficacité de ces institutions à long terme.

En conclusion, bien que ce ne soient là que quelques-unes des multiples facettes qui caractérisent le rôle des institutions financières BRICS, il est clair que leur influence va bien au-delà du simple

financement de projets. Elles sont des acteurs du développement, des médiateurs de la coopération internationale et des acteurs influents sur la scène économique mondiale, avec toutes les complexités et les défis que cela comporte.

En mettant davantage en avant l'importance des institutions financières au sein du bloc BRICS, il est possible d'explorer divers aspects et dynamiques cruciaux qui influencent et sont influencés par ces entités.

Coopération et Concurrence Internationale En examinant le paysage international, les institutions financières des BRICS jouent un rôle dual de coopération et de concurrence. D'une part, elles cherchent à développer des synergies avec les institutions financières existantes à l'échelle mondiale, telles que le Fonds Monétaire International et la Banque Mondiale, en cherchant à naviguer et parfois à défier les dynamiques de pouvoir prédominantes. D'autre part, elles représentent une sorte d'antagonisme envers le système financier mondial dominant, offrant une alternative ou un contrepoids aux institutions financières occidentales et à leurs modèles de financement et de développement.

Diversification des Portefeuilles d'Investissement Une autre sphère d'intérêt pourrait être la gestion et la diversification des portefeuilles d'investissement des institutions financières BRICS. Comment sont sélectionnés les projets pour recevoir un financement ? Quelles sont les politiques et les pratiques adoptées pour atténuer les risques et garantir un retour sur investissement ? La gestion des risques, l'analyse de la faisabilité des projets et la création d'une stratégie d'investissement durable sont essentielles pour s'assurer que les financements sont distribués de manière efficace et génèrent un impact positif sur le développement économique des pays membres et au-delà.

Concentration sur des Secteurs Spécifiques Une enquête sur les secteurs spécifiques privilégiés par les institutions financières BRICS pourrait offrir des informations sur les domaines où le bloc voit les plus grandes opportunités et défis. Par exemple, l'attention peut être portée sur les énergies renouvelables, la construction d'infrastructures, l'agriculture durable ou la numérisation, chacun apportant des ensembles spécifiques d'avantages, de défis et de dynamiques de mise en œuvre.

Impacts Sociaux des Projets Financés L'analyse des impacts sociaux des projets financés par les institutions financières BRICS est un domaine qui mérite un examen attentif. Cela inclut l'analyse de l'impact des projets sur le bien-être socio-économique des communautés locales, la création d'emplois, la réduction de la pauvreté et l'égalité des sexes. De plus, il serait intéressant d'explorer comment ces institutions abordent les questions d'inclusion et de justice sociale dans leurs projets d'investissement et leurs politiques financières.

Normes et Conformité La conformité aux normes et les défis juridiques représentent un autre aspect fondamental des opérations des institutions financières BRICS. Cela implique non seulement le respect des lois et réglementations locales dans les pays où elles opèrent, mais aussi l'adhésion aux normes internationales en matière de transparence, de lutte contre la corruption et de normes environnementales. Explorer les stratégies et les mesures prises pour garantir que les projets financés respectent les lois et réglementations applicables est essentiel pour comprendre les défis et les opportunités auxquels les institutions financières BRICS sont confrontées dans le financement de projets mondiaux.

Inclusion Financière L'inclusion financière est une autre dimension qui pourrait être explorée davantage. Comment les institutions financières BRICS contribuent-elles à promouvoir l'inclusion financière dans les pays membres et les pays bénéficiaires des financements ? L'adoption de technologies financières

(FinTech) et d'initiatives visant à étendre les services financiers aux communautés non bancarisées ou sous-bancarisées sont quelques-uns des mécanismes par lesquels ces institutions peuvent favoriser une plus grande inclusion et égalité financière.

Conclusion Partielle et Perspectives Futures

Bien qu'il soit possible d'approfondir davantage chaque aspect, il est essentiel de reconnaître que les institutions financières BRICS opèrent dans un environnement mondial complexe et en constante évolution. Alors qu'elles travaillent pour financer des projets qui stimulent la croissance et le développement dans les pays membres et les pays partenaires, ces institutions doivent équilibrer les objectifs de développement, de durabilité et de rendement des investissements, tout en naviguant dans la complexité de la géopolitique mondiale et des dynamiques économiques.

Intégration et Stabilité Financière Les institutions financières BRICS jouent un rôle essentiel dans l'intégration des marchés financiers et la garantie de la stabilité au sein du bloc. En créant une plateforme visant à faciliter les échanges et les investissements directs entre les pays membres, ces institutions cherchent à stabiliser et à renforcer les économies nationales dans un contexte mondial. L'intégration et la stabilité financière aident les pays membres à se protéger contre les vulnérabilités externes, offrant ainsi une plus grande résilience face aux fluctuations des marchés mondiaux et aux crises économiques.

Partenariats et Implication du Secteur Privé

L'implication du secteur privé par le biais de partenariats avec les institutions financières BRICS est essentielle pour mobiliser des capitaux supplémentaires et des compétences techniques. Les institutions financières BRICS, telles que la Banque des BRICS, cherchent souvent à attirer des investisseurs privés et à établir des partenariats avec le secteur privé pour amplifier l'impact de leurs projets et programmes. Analyser en détail comment ces institutions collaborent avec le secteur privé et impliquent les investisseurs et les entreprises peut fournir des informations sur l'efficacité et la durabilité des projets financés.

Développement des Petites et Moyennes Entreprises (PME)

Les PME jouent un rôle crucial dans les économies des BRICS, contribuant significativement à la croissance économique, à la création d'emplois et au développement durable. Par conséquent, les institutions financières BRICS pourraient développer des stratégies pour soutenir les PME en offrant des financements, une formation et une assistance technique. Comment ces programmes sont-ils structurés ? Comment contribuent-ils à l'amélioration de l'écosystème entrepreneurial dans les pays membres ?

Transparence et Reddition de Comptes La question de la transparence et de la reddition de comptes au sein des institutions financières BRICS est un autre aspect digne d'approfondissement. Cela comprend non seulement le fonctionnement interne des institutions, mais aussi le processus de prise de décision, l'allocation des fonds et la gestion des projets. Examiner les mesures et les pratiques adoptées par les institutions financières BRICS pour assurer la transparence et la reddition de comptes envers les pays membres et les bénéficiaires des projets est essentiel pour évaluer leur impact et leur efficacité.

Développement Durable et Finance Verte De plus, une analyse de l'engagement des institutions financières BRICS en matière de développement durable et de finance verte est d'une importance vitale. Quels sont les instruments financiers verts que ces institutions explorent ou ont mis en œuvre ? Comment les projets sont-ils évalués du point de vue de la durabilité environnementale ? Approfondir les stratégies et les approches en matière de finance verte et de développement durable pourrait fournir des idées sur la manière dont les BRICS abordent les questions liées au changement climatique et à la durabilité grâce à leurs institutions financières.

Gouvernance et Structure Organisationnelle La gouvernance et la structure organisationnelle des institutions financières BRICS méritent également un examen approfondi. Comment les politiques sont-elles formulées ? Qui prend les décisions et par quels mécanismes ? Comment la structure de gouvernance influence-t-elle la définition des priorités et la réalisation des projets ? Analyser la structure et les mécanismes de décision peut aider à mieux comprendre comment ces institutions fonctionnent et comment elles pourraient évoluer à l'avenir.

Conclusion Ouverte Continuer à explorer et approfondir ces aspects et d'autres des institutions financières BRICS conduit à un chemin de découverte qui s'entrelace avec des questions de plus en plus vastes et complexes, où la finance, le développement, la politique et la durabilité se fondent dans un réseau mondial d'interconnexions et d'interdépendances, avec des implications bien au-delà des frontières des pays membres et enracinées dans un système international en constante évolution et renégociation.

Cadre des Institutions Financières des BRICS
Les institutions financières des BRICS, en particulier la Banque des BRICS, ont joué un rôle clé dans le soutien et la stimulation du développement économique, non

seulement dans les pays membres, mais aussi dans d'autres marchés émergents. La création d'une plateforme financière solide et résiliente permet aux pays BRICS de poursuivre des objectifs de développement plus larges, de relever collectivement les défis économiques et de forger un rôle influent dans le système économique mondial.

Développement Économique et Financement de Projets Les institutions financières, par le développement et le financement de divers projets dans des secteurs clés tels que les infrastructures, l'énergie et le développement durable, deviennent les piliers du progrès économique et de la stabilité. Outre le fait de fournir des stimulants directs aux économies locales, ces projets facilitent le commerce et les investissements intra-BRICS, renforçant ainsi les réseaux économiques et les partenariats entre les pays membres.

Implication des Communautés Locales
L'implication et l'impact des institutions financières BRICS au sein des communautés locales sont essentiels. Les projets financés et développés devraient non seulement respecter les droits et les besoins des communautés locales, mais aussi contribuer à leur bien-être et à leur développement. La manière dont ces institutions impliquent les communautés locales, adoptent des pratiques durables et évaluent l'impact social et environnemental des projets est fondamentale

pour comprendre leur responsabilité et leur efficacité dans la promotion d'un développement authentique et inclusif.

Innovation et Technologie Financière

L'innovation et l'adoption de nouvelles technologies financières sont un autre point central. Les institutions financières des BRICS explorent et adoptent des technologies émergentes, telles que la blockchain et les cryptomonnaies, pour améliorer l'efficacité, réduire les coûts et accroître la transparence des transactions et des opérations financières. La position des BRICS dans le domaine des fintech et les implications futures de telles innovations dans la finance mondiale et les pratiques de développement méritent une analyse détaillée.

Dialogue et Coopération Internationale De plus, les institutions financières des BRICS opèrent non seulement au sein du bloc, mais aussi dans un contexte international plus large. Leur capacité à dialoguer et à coopérer avec d'autres institutions financières internationales, telles que le Fonds monétaire international et la Banque mondiale, ainsi que leur position dans les forums économiques mondiaux, contribuent à définir le rôle et l'influence des BRICS dans le paysage économique mondial.

Conclusions et Perspectives Futures Les institutions financières BRICS, en luttant contre les mécanismes financiers traditionnels et en se présentant comme une alternative et/ou un complément aux institutions financières occidentales, sont en train de façonner progressivement un nouveau paysage économique et financier. L'équilibre entre la poursuite des objectifs de développement nationaux et collectifs, le maintien de la stabilité et de la croissance économique, tout en naviguant dans les eaux complexes de la géopolitique et des alliances internationales, définit un chemin complexe et nuancé.

L'exploration de la trajectoire future des BRICS, des dynamiques au sein du bloc, de leur capacité à équilibrer croissance et durabilité, et des stratégies pour relever les défis émergents, tels que la crise climatique et les tensions géopolitiques, demeure d'une importance cruciale pour comprendre l'avenir de l'architecture économique et financière mondiale.

Émerge donc un paysage d'opportunités et de défis, dans lequel les BRICS, par le biais de leurs institutions financières, continueront à naviguer, à façonner et à être façonnés par le contexte mondial dans lequel ils opèrent. Leur trajectoire, s'ils parviennent à équilibrer les intérêts nationaux et collectifs, et à promouvoir un développement durable et inclusif, déterminera de manière significative l'avenir de l'ordre économique et financier mondial.

15. Commerce International • Analyse du rôle des BRICS dans le commerce international.

L'Évolution du Commerce International à travers les BRICS Le bloc des BRICS (Brésil, Russie, Inde, Chine et Afrique du Sud) a assumé un rôle de plus en plus déterminant dans le paysage du commerce international, contribuant à redéfinir les dynamiques mondiales et à former de nouvelles voies commerciales et alliances économiques. Leur position dans l'économie mondiale, les échanges commerciaux intra-bloc et les stratégies de commerce extérieur sont tous des éléments fondamentaux pour comprendre comment les BRICS modèlent et sont façonnés par les dynamiques du commerce international.

Impact Économique et Pertinence Globale Les nations BRICS, bien que diverses en termes de taille économique, de ressources naturelles et de structure socio-économique, partagent l'objectif commun d'augmenter leur influence dans le commerce mondial. Leur importance croissante dans les exportations mondiales, leur poids croissant dans l'économie mondiale et leur rôle dans le modèle de production et de distribution mondial des marchandises marquent une influence déterminante dans les chaînes de valeur mondiales.

Dynamiques Commerciales Intra-BRICS Au sein des BRICS, les pays membres ont cherché à intensifier les échanges commerciaux mutuels, cherchant à réduire leur dépendance vis-à-vis des économies avancées et à diversifier leurs économies. Cette stratégie a conduit à une plus grande intégration économique entre les pays du bloc, par le biais d'accords bilatéraux et multilatéraux, de facilitations commerciales et de la création de plates-formes communes pour le dialogue et la coopération économique.

Stratégies d'Intégration Globale Les BRICS, cherchant à consolider leur position dans le commerce mondial, ont également exploré des stratégies d'intégration et de coopération avec d'autres économies émergentes et développées. La formation d'alliances régionales, comme l'Initiative Belt and Road (BRI) de la Chine, et la participation à des forums économiques multilatéraux sont l'expression de la volonté de ces nations de construire des réseaux commerciaux étendus et résilients.

Défis et Opportunités Cependant, les BRICS sont confrontés à divers défis pour poursuivre une croissance commerciale durable et équilibrer leurs ambitions économiques avec les besoins de développement intérieur et la durabilité environnementale. Les tensions commerciales, les divergences en matière de politiques économiques et les différences structurelles entre les économies des pays membres représentent des obstacles importants qui nécessitent des solutions partagées et un dialogue continu.

La Dimension de la Durabilité dans le Commerce La durabilité dans le commerce, c'est-à-dire la capacité des BRICS à promouvoir un commerce qui soit non seulement économiquement avantageux, mais aussi socialement et écologiquement responsable, émerge comme un thème central. L'impact environnemental du commerce, les pratiques de travail et le transfert de technologie sont tous des facteurs qui influencent et sont influencés par les dynamiques commerciales des BRICS et nécessitent une analyse approfondie pour comprendre et orienter les trajectoires futures du bloc.

Vers l'Avenir du Commerce Mondial En résumé, les BRICS, avec leur influence économique et commerciale croissante, sont en train de façonner un nouvel ordre dans le commerce international, en proposant de nouvelles dynamiques, en créant de nouvelles alliances et en redessinant en quelque sorte les cartes des routes commerciales mondiales. Leur capacité à naviguer à travers les défis internes et externes, à promouvoir un commerce durable et inclusif, et à équilibrer leurs ambitions économiques avec les besoins mondiaux, déterminera le futur de leur rôle dans le commerce international et l'empreinte de leur impact sur l'économie mondiale.

Dans ce contexte, l'analyse future des BRICS dans le commerce international, à travers l'exploration de leurs politiques commerciales, de leurs stratégies d'intégration mondiale et de la gestion des défis et opportunités émergents, fournira des perspectives cruciales pour comprendre les évolutions futures du commerce mondial et du système économique international.

Influence des BRICS dans les Organisations Internationales Les BRICS ne sont pas seulement actifs dans la définition de nouvelles voies commerciales, mais jouent également un rôle croissant dans les institutions et organisations internationales du commerce, telles que l'Organisation mondiale du commerce (OMC). Leur position souvent unifiée dans ces enceintes leur permet d'influencer les normes et les accords commerciaux internationaux, cherchant à les modeler de manière à mieux refléter les intérêts et les besoins des économies émergentes.

Technologie et Commerce Numérique De plus, la numérisation croissante du commerce mondial représente à la fois une opportunité et un défi pour les pays BRICS. D'une part, le commerce électronique et les plates-formes numériques offrent de nouveaux canaux et marchés pour les biens et les services, contribuant à surmonter les barrières physiques et logistiques. D'autre part, la numérisation nécessite l'adaptation des infrastructures technologiques, des réglementations de cybersécurité et des compétences numériques.

Politiques d'Investissement Les stratégies d'investissement direct à l'étranger (IDE) des BRICS, tant en termes d'investissements reçus que réalisés, sont un autre pilier de leur activité commerciale. La création de politiques visant à attirer les investissements étrangers et, en même temps, l'identification des opportunités d'investissement à l'étranger sont essentielles pour maintenir et accroître la croissance économique et établir des relations commerciales solides et réciproques.

Relations avec les Pays en Développement Le rôle des BRICS dans le Sud global est également important. De nombreux pays en développement voient les BRICS comme des partenaires privilégiés, car elles peuvent offrir des modèles de croissance alternatifs à ceux proposés par les économies avancées, parfois moins politiquement contraignants. Cela a permis aux BRICS de construire des réseaux d'influence et des partenariats en Asie, en Afrique et en Amérique latine, renforçant ainsi davantage leur poids dans le commerce mondial.

Contradictions et Critiques Malgré l'impact significatif des BRICS, de nombreuses contradictions et critiques existent. Les inégalités au sein des pays BRICS sont souvent accentuées, et les stratégies de croissance axées sur l'exportation peuvent parfois entrer en conflit avec la nécessité de développer des marchés intérieurs robustes et inclusifs. Le défi réside donc également dans l'équilibre entre des politiques axées sur l'exportation et des stratégies garantissant une distribution équitable des avantages de la croissance au niveau national.

Questions Environnementales et Durabilité La question environnementale est un autre aspect fondamental à considérer. L'intensification des échanges commerciaux peut avoir un impact significatif sur l'environnement, tant en termes d'émissions générées par les transports que d'exploitation des ressources naturelles. Les BRICS sont donc appelés à réfléchir à la manière de concilier les besoins de croissance et de développement avec la nécessité de protéger l'environnement et de promouvoir un développement durable.

La Pandémie et les Nouvelles Dynamiques Enfin, l'impact de la pandémie de COVID-19 a redéfini de nombreuses règles du commerce international, nécessitant une réflexion sur les vulnérabilités et les résiliences des chaînes d'approvisionnement mondiales. Pour les BRICS, qui ont géré la crise avec des approches différentes et ont été touchés de différentes manières, l'après-pandémie sera une période clé pour reconsidérer et éventuellement reformuler leurs stratégies commerciales et de développement.

Tous ces aspects dessinent un paysage complexe et multidimensionnel dans lequel les BRICS naviguent en essayant de consolider leur rôle, en confrontant des dynamiques mondiales en rapide évolution et des défis internes qui nécessitent une attention et un équilibre stratégique.

En continuant à explorer le vaste paysage des BRICS dans le contexte du commerce international, il est essentiel de prendre en compte plusieurs autres aspects qui mettent en lumière les nuances et la complexité de leurs interactions dans le système mondial.

Bilatéralisme et Multilatéralisme Les BRICS, tout en agissant en tant que bloc dans certaines circonstances, poursuivent également de manière agressive leurs intérêts nationaux par le biais d'accords bilatéraux à la fois au sein du groupe et avec d'autres pays et régions. La tension entre le bilatéralisme et le multilatéralisme est toujours présente : alors que le multilatéralisme pourrait offrir des solutions plus équitables et durables à l'échelle mondiale, les accords bilatéraux permettent souvent aux pays de poursuivre plus directement leurs intérêts nationaux.

Politiques Tarifaires et Non Tarifaires Les BRICS utilisent une variété d'outils tarifaires et non tarifaires pour protéger leurs industries et leurs marchés intérieurs, ainsi que pour promouvoir ou entraver certains flux commerciaux. L'utilisation de ces outils peut refléter à la fois des objectifs économiques et politiques et, dans certains cas, peut également être utilisée comme un instrument de pression géopolitique.

Normes du Travail Une autre question essentielle concerne les normes du travail dans les pays BRICS. Étant donné la diversité des situations économiques et sociales dans chaque pays, la législation et les conditions de travail varient considérablement, influençant la concurrence et les dynamiques de production et d'échange au sein du groupe et au-delà.

Soft Power et Image Building Les BRICS utilisent également le commerce comme moyen de construire leur "soft power" et d'influencer d'autres pays par le biais de la coopération économique et du développement de marchés communs. En créant des réseaux économiques et des initiatives communes, elles cherchent à renforcer leur influence et à façonner les perceptions mondiales à leur égard.

Intégration des Marchés Financiers L'intégration des marchés financiers et des politiques monétaires entre les pays BRICS revêt également une grande importance. L'utilisation de leurs propres devises pour les échanges au sein du groupe et l'interconnexion de leurs bourses et institutions financières représentent à la fois une opportunité de stabilisation et un potentiel vecteur de contagion en cas de crise financière.

Infrastructures et Logistique Les infrastructures et la logistique jouent un rôle vital dans la facilitation ou l'entrave au commerce international. Des projets d'infrastructure tels que la "Route de la Soie" promue par la Chine créent non seulement de nouvelles voies commerciales, mais sont également des outils d'influence géopolitique, connectant économiquement et physiquement différentes régions du monde.

Commerce et Droits de l'Homme La relation entre le commerce et les droits de l'homme est un autre sujet délicat souvent mis en avant dans les relations extérieures des BRICS. La question de l'équilibre entre les intérêts commerciaux et économiques et le respect des droits de l'homme et la promotion des normes mondiales est un dilemme persistant et une source de tension tant à l'intérieur qu'à l'extérieur.

Brevets et Propriété Intellectuelle Enfin, les questions liées aux brevets et à la propriété intellectuelle, en particulier à l'ère de la technologie et de la biotechnologie, représentent un terrain propice à d'éventuels conflits et collaborations. La manière dont les BRICS gèrent leurs politiques en matière de propriété intellectuelle n'affecte pas seulement les dynamiques au sein du groupe, mais a également des implications plus larges pour l'innovation, l'accès aux technologies et aux médicaments, ainsi que les relations avec d'autres pays et entreprises multinationales.

Ces aspects supplémentaires offrent un tableau encore plus détaillé et complexe des dynamiques qui animent les BRICS dans le contexte du commerce international, dessinant un paysage de relations entrelacées, d'objectifs parfois contradictoires et de navigation continue entre coopération et concurrence.

En conclusion, l'analyse du rôle des BRICS dans le commerce international révèle une réalité extraordinairement complexe et dynamique. Ces pays, malgré leurs différences et leurs défis internes, ont eu un impact remarquable sur la scène mondiale, redéfinissant les dynamiques commerciales et contribuant à façonner un nouvel ordre mondial.

Les BRICS ont gagné en importance dans l'économie mondiale, devenant parmi les principaux acteurs du commerce international. Leur influence a été manifeste dans divers secteurs, de l'énergie et des matières premières à la haute technologie et à l'industrie manufacturière. Les stratégies de commerce extérieur, la diversification des économies et la création de réseaux commerciaux mondiaux sont devenues des caractéristiques distinctives de leur approche du commerce international.

L'intégration économique au sein du groupe a favorisé les échanges commerciaux mutuels et créé des opportunités de croissance partagées. En même temps, les BRICS cherchent activement à renforcer les liens commerciaux avec d'autres économies émergentes et développées, en construisant des alliances et des partenariats qui élargissent leur portée et leur influence.

Cependant, les BRICS sont confrontés à de nombreux défis, tels que les inégalités internes, les questions environnementales, les divergences dans les politiques économiques et les difficultés à gérer des relations complexes avec d'autres acteurs mondiaux. L'équilibre entre la promotion d'un commerce équitable et durable et la réalisation des objectifs économiques nationaux reste un dilemme constant.

L'après-pandémie représentera une période cruciale pour les BRICS pour redéfinir leurs stratégies commerciales et de développement à la lumière des nouvelles dynamiques mondiales. Il sera essentiel de réfléchir à la manière de relever les défis émergents, notamment le changement climatique, la numérisation du commerce et la nécessité de promouvoir une croissance inclusive et durable.

En fin de compte, les BRICS resteront un acteur clé du commerce international et continueront à façonner le nouvel ordre mondial. Leur capacité à s'adapter aux défis en évolution et à contribuer à une croissance économique partagée et durable déterminera leur succès futur et leur impact durable sur la scène mondiale.

16. Mondialisation vs Nationalisme • Discussion sur la manière dont les BRICS équilibrent la mondialisation et le nationalisme.

La discussion sur la manière dont les BRICS équilibrent la mondialisation et le nationalisme est d'une importance fondamentale car elle reflète l'un des défis les plus pertinents du paysage géopolitique actuel. Ces pays émergents naviguent entre le désir de participer activement à la mondialisation économique et la nécessité de préserver la souveraineté nationale et l'identité culturelle. Voici quelques points clés pour comprendre cette dynamique complexe :

Mondialisation Économique Les BRICS ont adopté une position généralement favorable à la mondialisation économique. Ils reconnaissent les avantages découlant de la participation aux marchés mondiaux, tels que l'accès à de nouveaux marchés, l'afflux d'investissements étrangers et l'importation de technologies avancées. Ils ont promu des accords commerciaux, des échanges d'investissements et des partenariats économiques avec d'autres nations, montrant ainsi leur volonté de renforcer les liens commerciaux internationaux.

Protectionnisme Modéré Cependant, les BRICS ne sont pas étranglés au protectionnisme modéré, notamment lorsqu'il s'agit de secteurs stratégiques ou de la défense de leurs intérêts nationaux. Ils utilisent des outils tels que les tarifs douaniers, les quotas d'importation et les réglementations pour protéger les industries locales et favoriser la production nationale. Ces mesures peuvent être utilisées en réponse aux crises économiques ou aux pressions géopolitiques.

Nationalisme Culturel Sur le plan culturel et politique, les BRICS s'efforcent de préserver et de promouvoir leurs identités nationales et culturelles. Chacun de ces pays a une histoire, une langue et une culture uniques qu'il cherche à protéger contre l'uniformisation culturelle induite par la mondialisation. Ce nationalisme culturel peut se manifester par des politiques de promotion de la langue, des arts et de la culture nationale.

Souveraineté Politique Les BRICS maintiennent une position ferme en ce qui concerne la souveraineté politique. Ils rejettent l'ingérence étrangère dans leurs affaires intérieures et soutiennent le principe de non-ingérence dans les affaires d'autres pays. Cette position est souvent exprimée en référence à des questions telles que les tensions régionales, les conflits internes et les changements de régime.

Équilibre Souligné Les BRICS recherchent constamment un équilibre entre leur participation active à la mondialisation économique et la protection de leurs intérêts nationaux et culturels. Cet équilibre est souvent mis à l'épreuve par des événements mondiaux tels que les crises financières, les conflits géopolitiques et les tensions commerciales. En de telles occasions, ils peuvent adopter une position plus nationaliste ou plus globalisée en fonction des circonstances.

En résumé, les BRICS représentent un défi au traditionnel débat entre mondialisation et nationalisme. Ces pays cherchent à équilibrer leur participation active à la mondialisation économique avec la protection de leurs intérêts nationaux et culturels. Leur capacité à maintenir cet équilibre délicat sera cruciale pour leur avenir et pour la définition du rôle des économies émergentes dans le contexte mondial.

Pour une compréhension plus détaillée de la manière dont les BRICS équilibrent la mondialisation et le nationalisme, il est important d'examiner certains exemples spécifiques et les défis associés à cette dynamique complexe :

1. **Commerce International** Les BRICS ont favorisé la libéralisation du commerce international, mais ils protègent également certains secteurs clés de leurs économies contre une concurrence excessive. Par exemple, le Brésil a imposé des tarifs douaniers sur certains produits manufacturés pour protéger son industrie nationale, tandis que l'Inde a adopté des politiques similaires pour soutenir le secteur agricole. Ces mesures ont souvent été controversées car elles peuvent entraver la pleine adhésion à la mondialisation commerciale.

2. **Investissements Étrangers** Les BRICS ont attiré d'importants investissements étrangers, mais ils sont devenus plus sélectifs en ce qui concerne l'accès aux secteurs stratégiques. Par exemple, la Chine a renforcé la supervision des investissements étrangers directs dans des secteurs tels que la technologie et la sécurité nationale. Cette mesure est considérée comme une tentative d'équilibrer la nécessité de capitaux étrangers avec la préservation de la sécurité nationale et des technologies clés.

3. **Technologie et Contrôle des Données** Les
   BRICS sont activement engagés dans la course à
   la technologie mondiale, mais ils cherchent
   également à garantir leur indépendance
   technologique et la sécurité des données. Par
   exemple, la Russie a adopté une loi exigeant que
   les données personnelles des citoyens russes
   soient stockées sur des serveurs situés à
   l'intérieur du pays, une mesure interprétée
   comme une tentative d'accroître le contrôle sur
   les données et la technologie.

4. **Identité Culturelle** Les BRICS attachent une
   grande importance à la promotion de leurs
   identités culturelles uniques. Cela se traduit par
   des politiques de soutien aux arts, à la langue et à
   la culture nationale. Par exemple, le Brésil
   promeut la diffusion de la langue portugaise,
   tandis que l'Inde encourage la diffusion de la
   langue hindi. Ces efforts reflètent un engagement
   à préserver la diversité culturelle dans un monde
   de plus en plus mondialisé.

5. **Leadership Mondial** Les BRICS cherchent
   activement à élargir leur influence sur la scène
   mondiale. Ils collaborent au sein d'organisations
   telles que les Nations Unies et le G20 pour
   promouvoir un ordre mondial plus multipolaire.
   Cependant, ils sont également engagés à soutenir
   le principe de souveraineté nationale et à éviter

toute ingérence dans les affaires intérieures d'autres pays.

6. Défis Géopolitiques Des défis géopolitiques tels que le conflit en Ukraine et les tensions entre l'Inde et la Chine dans l'Himalaya ont mis à l'épreuve la solidarité des BRICS. Alors qu'ils cherchent à équilibrer leurs relations bilatérales avec d'autres acteurs mondiaux tels que les États-Unis et l'Union européenne, ils doivent relever des défis géopolitiques qui mettent à l'épreuve leur approche de la souveraineté et de la coopération mondiale. En résumé, les BRICS sont constamment confrontés à une série complexe de défis lorsqu'il s'agit de concilier la mondialisation avec le nationalisme. Leurs politiques et actions dépendent d'une série de facteurs, notamment les intérêts économiques, les défis géopolitiques et la volonté de préserver leurs identités culturelles. Cette dynamique est au cœur de leurs relations mondiales et représente l'un des défis les plus significatifs dans le contexte géopolitique actuel.

7. Ressources Naturelles Les BRICS sont riches en ressources naturelles, ce qui influence leur politique économique et commerciale. Tout en cherchant à tirer parti de la mondialisation pour exporter des ressources, ils adoptent également des politiques visant à protéger et à gérer stratégiquement ces ressources. Par exemple, le Brésil a des politiques de contrôle des exportations de ressources naturelles telles que le pétrole, tandis que la Russie impose des restrictions similaires sur les exportations de gaz naturel.

8. Investissements Infrastructurels Les BRICS ont lancé d'importants projets d'investissements infrastructurels, tant au niveau national qu'international. Ces investissements visent souvent à promouvoir la connectivité régionale et mondiale et à soutenir la croissance économique. Cependant, de tels projets peuvent également être utilisés comme des outils d'influence géopolitique, contribuant à la création de réseaux commerciaux et à la consolidation de l'influence mondiale des BRICS.

9. Pandémie et Nationalisme Sanitaire La pandémie de COVID-19 a ravivé le débat sur la mondialisation et le nationalisme. Bien que les BRICS aient collaboré pour garantir l'accès aux vaccins et le partage des connaissances scientifiques, chaque pays a également adopté des mesures nationales pour protéger la santé de ses citoyens. Cet équilibre entre coopération mondiale et protectionnisme sanitaire est emblématique du dilemme plus large entre mondialisation et nationalisme.

10. Gestion des Crises Financières Les BRICS ont créé leur propre réserve de devises, connue sous le nom de "Contingent Reserve Arrangement", pour faire face aux crises financières mondiales sans avoir à recourir aux institutions financières occidentales telles que le Fonds monétaire international (FMI). Cela montre leur volonté de maintenir un certain degré de contrôle sur leurs propres affaires financières et leur préférence pour des solutions régionales plutôt que des institutions mondiales.

11. Tensions Commerciales Les tensions commerciales entre les BRICS peuvent mettre à l'épreuve la solidarité du groupe. Par exemple, l'Inde et la Chine ont eu des différends commerciaux et territoriaux qui ont influencé leurs relations au sein des BRICS. Ces conflits exigent un équilibre délicat entre le soutien à leur propre souveraineté et l'importance de la cohésion du groupe.

12. Diversité Géographique et Économique Les BRICS représentent une grande diversité géographique et économique, ce qui rend encore plus complexe l'équilibrage entre mondialisation et nationalisme. L'Inde, par exemple, est l'une des plus grandes économies émergentes du monde, tandis que l'Afrique du Sud est relativement plus petite. Ces différences influencent les stratégies et les priorités de chaque pays au sein du groupe.

En résumé, les BRICS continuent d'équilibrer la mondialisation et le nationalisme grâce à une série de politiques, d'actions et d'initiatives. Cette dynamique complexe est façonnée par des facteurs économiques, politiques, culturels et environnementaux, et nécessite une adaptation constante aux défis et aux opportunités émergents dans le contexte mondial. La manière dont ils abordent cet équilibre aura des implications significatives pour l'avenir des relations internationales et de l'ordre mondial.

13. Investissements dans les Pays en Développement Les BRICS ont accru leurs investissements dans les pays en développement, à la fois pour des raisons économiques et géopolitiques. Ces investissements peuvent favoriser la croissance économique dans les pays hôtes, mais peuvent également susciter des préoccupations concernant le néocolonialisme et la dépendance économique. Les BRICS cherchent à équilibrer leur présence croissante à l'échelle mondiale avec la nécessité de respecter la souveraineté des États hôtes.

14. Diplomatie Économique Les BRICS ont développé une diplomatie économique active pour poursuivre leurs intérêts mondiaux. Ils ont organisé des sommets économiques et commerciaux et ont cherché à influencer des organisations mondiales telles que l'Organisation mondiale du commerce (OMC) pour promouvoir leurs priorités. Ces efforts témoignent de leur engagement à promouvoir leurs intérêts, mais peuvent également créer des frictions avec d'autres nations.

15. Éducation et Science Les BRICS collaborent également dans le domaine de l'éducation et de la science pour promouvoir l'innovation et le développement technologique. Cette coopération peut être considérée comme une tentative d'équilibrer la mondialisation par la promotion de l'éducation et de la recherche nationales.

16. Contrôle des Médias Chaque pays BRICS a des politiques de contrôle des médias qui reflètent leurs besoins nationaux et culturels. Par exemple, la Chine exerce une stricte censure en ligne pour préserver la stabilité politique, tandis que le Brésil a des réglementations pour promouvoir la production de contenus culturels locaux. Ces approches illustrent comment les BRICS cherchent à équilibrer la mondialisation des médias avec leurs priorités nationales.

17. Infrastructures Numériques Les BRICS ont également réalisé des progrès significatifs dans le domaine des infrastructures numériques, cherchant à réduire la fracture numérique. Ces efforts peuvent équilibrer la mondialisation grâce à l'accès universel à

Internet et à la promotion de l'innovation technologique au niveau national.

18. Réforme des Institutions Mondiales Les BRICS ont soutenu la réforme des institutions mondiales telles que le Conseil de sécurité des Nations Unies pour les rendre plus représentatives et aptes à relever les défis contemporains. Cet effort est un exemple de la manière dont ils cherchent à influencer le système mondial tout en protégeant leur souveraineté.

19. Investissements dans l'Énergie Durable Tout en cherchant à répondre à la demande croissante en énergie, les BRICS ont également réalisé d'importants investissements dans les énergies renouvelables. Ces investissements peuvent équilibrer la mondialisation en favorisant des sources d'énergie plus propres et en renforçant la sécurité énergétique nationale.

20. Coordination au sein d'Organisations Internationales Les BRICS coordonnent leurs positions au sein de différentes organisations internationales, telles que le G20 et le Conseil d'affaires BRICS. Cette collaboration vise à équilibrer la mondialisation grâce à l'influence collective dans ces organisations, permettant aux BRICS de promouvoir leurs intérêts communs.

En conclusion, l'équilibre entre mondialisation et nationalisme par les BRICS est un processus complexe impliquant une série de politiques et d'initiatives. Ces pays émergents cherchent constamment à protéger leurs intérêts nationaux et culturels tout en participant activement à la scène mondiale. Leur capacité à relever ce défi déterminera leur rôle futur dans le paysage géopolitique et économique mondial.

21. Mesures de Sécurité Alimentaire Les BRICS ont mis en place des politiques visant à garantir la sécurité alimentaire de leurs citoyens. Ces politiques peuvent inclure la promotion de l'agriculture nationale et la limitation des importations alimentaires. De telles mesures sont souvent justifiées par la nécessité de garantir la souveraineté alimentaire, mais peuvent également entraîner un plus grand protectionnisme.

22. Initiatives Culturelles Bilatérales Au sein des BRICS, les pays entreprennent souvent des initiatives bilatérales pour promouvoir leur culture. Par exemple, la Russie et l'Inde peuvent organiser des échanges culturels pour favoriser la compréhension mutuelle entre leurs populations. Ces initiatives peuvent contribuer à renforcer les liens entre les pays membres et à préserver leurs identités culturelles.

23. Investissements dans les Industries Stratégiques Les BRICS ont identifié des industries stratégiques clés pour leur développement et cherchent à les protéger des influences extérieures. Par exemple, la Chine a adopté des politiques telles que "Made in

China 2025" pour promouvoir les industries de haute technologie nationales et réduire la dépendance aux importations étrangères. C'est un exemple de la manière dont ils équilibrent la mondialisation en vue de construire une économie axée sur la technologie.

24. Accord de Shanghai pour la Coopération

L'Accord de Shanghai pour la Coopération (SCO), qui comprend plusieurs nations d'Asie centrale et la Chine, est un exemple de la manière dont les BRICS équilibrent les intérêts régionaux avec les intérêts mondiaux. La SCO favorise la coopération économique et de sécurité en Asie centrale, mais les BRICS utilisent également cette plateforme pour discuter des questions mondiales et coordonner leurs positions.

25. Politiques Industrielles et Commerciales

Chaque pays BRICS a des politiques industrielles et commerciales uniques pour promouvoir la croissance économique et l'emploi. Ces politiques peuvent varier de la promotion des exportations au soutien aux petites entreprises. Alors qu'ils cherchent à participer activement au commerce mondial, ces politiques reflètent également les efforts pour maintenir une certaine autonomie économique.

26. Coopération Scientifique et Technologique

Les BRICS encouragent la coopération scientifique et technologique pour stimuler l'innovation. Ces efforts incluent le partage de la recherche et le développement conjoint de technologies avancées. La collaboration scientifique reflète la volonté des BRICS de participer à la compétition technologique mondiale tout en préservant leur identité scientifique et technologique.

27. Impact Social et Environnemental Les BRICS cherchent à équilibrer les aspects sociaux et environnementaux de la mondialisation. Cela signifie relever les défis de l'inégalité et de l'équité sociale, ainsi que des questions environnementales telles que la gestion durable des ressources naturelles et le changement climatique. Ce sont des facteurs qui contribuent à l'équilibre entre la mondialisation et les besoins nationaux.

28. Rôle dans les Forums Régionaux Les BRICS participent activement à des forums régionaux tels que le Forum de Coopération Économique Asie-Pacifique (APEC) et l'Organisation de Coopération de Shanghai (SCO). Cette participation reflète une approche multilatérale qui équilibre les intérêts régionaux avec les intérêts mondiaux.

29. Dépendance Économique Globale Les BRICS cherchent à équilibrer leur croissante dépendance économique globale avec la nécessité de préserver leur autonomie économique. Cela peut impliquer la diversification des sources d'approvisionnement énergétique ou la promotion de la production locale pour réduire la dépendance aux importations.

30. Diplomatie du Soft Power Les BRICS cherchent à promouvoir leur soft power, y compris des aspects culturels tels que la littérature, le cinéma et l'art, pour influencer positivement la perception globale d'eux-mêmes. Ces efforts contribuent à la promotion de leur culture et à la projection d'une image positive dans le monde.

En conclusion, l'équilibre entre mondialisation et nationalisme par les BRICS est un processus complexe et en évolution qui implique une série de politiques et d'initiatives. Ces pays émergents cherchent constamment à protéger leurs intérêts nationaux et culturels tout en participant activement à la scène mondiale. Leur capacité à relever ce défi aura un impact significatif sur l'avenir des relations internationales et de l'ordre mondial.

En conclusion, l'équilibre entre mondialisation et nationalisme par les BRICS est un processus dynamique et complexe qui nécessite une attention constante aux changements dans le contexte mondial. Ces pays émergents sont conscients de l'importance de participer activement à la scène mondiale pour promouvoir leurs intérêts économiques, politiques et culturels. Cependant, en même temps, ils cherchent à préserver leur souveraineté, leur identité culturelle et leur autonomie économique.

Les BRICS utilisent une série de stratégies et de politiques pour relever ce défi :

1. Diplomatie Bilatérale et Multilatérale : Ils collaborent sur les questions mondiales par le biais d'une diplomatie active à la fois à un niveau bilatéral et multilatéral, cherchant à influencer les organisations internationales et les forums mondiaux pour promouvoir leurs intérêts communs.

2. Économies Nationales Diverses : Chaque pays BRICS a une économie et une base industrielle uniques, et ils cherchent à capitaliser sur ces différences pour promouvoir la complémentarité économique au sein du groupe.

3. Politiques Industrielles et Commerciales : Ils adoptent des politiques industrielles et commerciales pour promouvoir la croissance économique et protéger les industries stratégiques nationales.

4. Coopération Scientifique et Technologique : Ils collaborent dans la recherche scientifique et le développement technologique pour stimuler l'innovation et concurrencer à l'échelle mondiale.

5. Investissements Stratégiques : Ils effectuent des investissements stratégiques dans des secteurs clés tels que les infrastructures, l'énergie et les technologies avancées pour soutenir la croissance économique et la sécurité nationale.

6. Culture et Soft Power : Ils utilisent la promotion de la culture et du soft power pour améliorer l'image mondiale et influencer positivement la perception mondiale d'eux-mêmes.

7. Diplomatie Économique : Ils participent activement à des sommets économiques et commerciaux internationaux pour promouvoir le commerce et les investissements.

8. Gestion des Ressources Naturelles : Ils adoptent des politiques pour gérer stratégiquement les ressources naturelles et garantir la sécurité alimentaire et énergétique.

9. Développement Durable : Ils s'engagent à promouvoir des politiques de développement durable pour relever les défis environnementaux et sociaux.

Dans un monde de plus en plus interconnecté, les BRICS sont confrontés à des défis et à des opportunités en constante évolution. Leur capacité à équilibrer efficacement la mondialisation avec leurs besoins nationaux sera déterminante pour leur succès et leur rôle dans le nouvel ordre mondial. En adoptant une approche flexible et adaptable, ces pays peuvent continuer à tirer parti de leur croissance économique et de leur influence géopolitique pour contribuer à façonner l'avenir du monde.

17. Droits de l'Homme • Analyse de la situation des droits de l'homme dans les pays BRICS.

1. Brésil : Le Brésil a attiré l'attention internationale en raison de sa situation en matière de droits de l'homme. Des questions telles que la violence dans les favelas, la discrimination contre les minorités et la déforestation de l'Amazonie ont suscité des inquiétudes. Cependant, le pays a également fait des progrès dans la promotion des droits des femmes et des minorités LGBTQ+.

2. Russie : En Russie, des préoccupations ont été signalées concernant les libertés civiles, notamment la liberté de la presse et d'expression. Les défenseurs des droits de l'homme affirment que les critiques du gouvernement peuvent entraîner des persécutions. La situation des minorités, en particulier celle des LGBTQ+, a été source de tensions.

3. Inde : L'Inde est un pays complexe avec une large gamme de défis en matière de droits de l'homme. Il y a des préoccupations concernant la liberté religieuse, la discrimination des castes et la violence basée sur le genre. Cependant, le pays a fait des progrès significatifs dans la promotion de l'éducation et la lutte contre la pauvreté.

4. Chine : La Chine a attiré l'attention mondiale en ce qui concerne les droits de l'homme, y compris la répression des manifestations au Tibet et la situation des minorités ethniques telles que les Ouïghours. La Chine a également été critiquée pour sa censure en ligne et le contrôle des médias.

5. Afrique du Sud : L'Afrique du Sud a une histoire de lutte pour les droits de l'homme, ayant surmonté l'apartheid. Cependant, le pays fait toujours face à des défis liés à l'inégalité économique et à la criminalité. Le gouvernement sud-africain s'efforce de promouvoir les droits des minorités et de faire face aux questions de genre.

Il est important de noter que la situation des droits de l'homme est complexe et variée dans chacun de ces pays BRICS. Chaque nation a fait des progrès dans certains domaines mais fait face à des défis dans d'autres. De plus, la perception des droits de l'homme peut varier en fonction de la perspective culturelle et politique.

Les BRICS cherchent souvent à équilibrer la promotion des droits de l'homme avec la souveraineté nationale.

Cela peut entraîner des positions divergentes dans les forums internationaux. Cependant, la promotion des droits de l'homme reste un sujet important dans les discussions mondiales, et la situation des droits de l'homme dans les pays BRICS continue d'attirer l'attention et de susciter des débats à l'échelle internationale.

6. Brésil : Dans le contexte brésilien, les violations des droits de l'homme sont souvent associées à la violence dans les favelas, où les opérations de police peuvent entraîner des abus des droits de l'homme. La discrimination contre les minorités, y compris les peuples autochtones et la population noire, reste un problème persistant. Au fil des ans, le Brésil a également dû relever des défis liés à la sécurité des femmes et à la violence domestique, mais a fait des progrès dans la mise en œuvre de lois visant à protéger les victimes.

7. Russie : En Russie, les organisations de défense des droits de l'homme signalent souvent des restrictions à la liberté d'expression et la répression des voix dissidentes. La situation des minorités, y compris les personnes LGBTQ+, est soumise à des restrictions légales et sociales. Les manifestations politiques peuvent être réprimées, et les activistes peuvent faire face à des intimidations et à des arrestations.

8. Inde : L'Inde est une nation complexe avec une riche diversité culturelle, mais aussi une histoire de discrimination de caste et de tensions religieuses. La violence contre les femmes a été un problème significatif, avec des cas de viols et de violence domestique ayant suscité l'indignation publique. Le pays travaille sur des réformes légales et sociales pour faire face à ces défis.

9. Chine : La Chine a attiré une attention internationale croissante en ce qui concerne la gestion des droits de l'homme. La répression des manifestations au Tibet et les préoccupations concernant les droits des minorités ethniques comme les Ouïghours ont été largement signalées. La censure des médias et d'Internet est répandue, et les dissidents politiques peuvent faire face à de graves conséquences.

15. Afrique du Sud : L'Afrique du Sud a une histoire de lutte pour les droits de l'homme, avec la fin de l'apartheid comme moment décisif. Cependant, le pays continue de faire face à des défis liés à l'inégalité économique et à la criminalité. La question de la terre et de la réforme agraire a été source de tensions, tandis que le gouvernement sud-africain s'efforce de résoudre des problèmes tels que l'extrême pauvreté.

16. Brésil : Dans le contexte brésilien, la situation des droits de l'homme a également été influencée par un certain nombre de questions environnementales. La déforestation de l'Amazonie et la destruction de l'habitat naturel ont suscité des préoccupations à l'échelle mondiale, menaçant la vie des populations autochtones et contribuant au changement climatique. La gestion des ressources naturelles et la protection des droits des communautés autochtones sont devenues des questions centrales dans le débat sur les droits de l'homme au Brésil.

17. Russie : La Russie a vu la consolidation du pouvoir centralisé et la limitation de la liberté de la presse et de la liberté d'expression au cours des dernières années. Les organisations de défense des droits de l'homme ont documenté des cas d'arrestations arbitraires d'opposants politiques et d'activistes. De plus, la situation des minorités sexuelles, telles que les personnes LGBTQ+, a été difficile, avec des lois contre la "propagande homosexuelle" limitant la liberté d'expression et l'accès à des services de soutien.

18. Inde : L'Inde a fait d'importants progrès dans le domaine de l'éducation et de la lutte contre la pauvreté, mais continue de faire face à des défis dans la promotion des droits des femmes et la prévention de la violence de genre. De plus, les tensions religieuses et les violences intercommunautaires ont été une source croissante de préoccupation ces dernières années. La discrimination de caste persiste, bien que le gouvernement ait promulgué des lois pour promouvoir l'égalité.

19. Chine : La Chine a attiré une attention croissante en matière de droits de l'homme, avec des préoccupations concernant la répression des voix critiques et la situation des minorités ethniques. La surveillance de masse, y compris la surveillance des communications en ligne et la reconnaissance faciale, est devenue une question importante liée à la vie privée et à la liberté personnelle. La situation des droits des minorités ethniques, en particulier des Ouïghours, a attiré l'attention internationale, avec des accusations de détentions de masse et de violations des droits de l'homme.

20. Afrique du Sud : L'Afrique du Sud continue de lutter contre les problèmes d'inégalité économique et sociale hérités de l'ère de l'apartheid. Bien que le pays ait progressé dans l'amélioration de l'égalité et de la justice sociale, il reste encore beaucoup de travail à faire. En particulier, la question de la terre et de la réforme agraire a été un sujet de débat et de tension. Cependant, l'Afrique du Sud demeure un exemple de transition pacifique de la ségrégation raciale à une démocratie multiraciale.

Dans chacun de ces pays BRICS, la situation des droits de l'homme est influencée par un certain nombre de facteurs uniques. Les défis et les progrès varient largement, et la perception des droits de l'homme peut être subjective et influencée par des variables culturelles et politiques. La promotion et la protection des droits de l'homme restent des thèmes importants de débat au niveau international, avec de nombreuses organisations et gouvernements travaillant à relever les défis en cours et à rechercher des solutions pour améliorer la situation des droits de l'homme dans le monde.

21. Brésil : Dans le contexte brésilien, la situation des droits de l'homme a également été influencée par la violence policière, en particulier dans les favelas des grandes villes. De nombreux cas d'abus et de meurtres commis par les forces de police ont été signalés, soulevant des questions sur le manque de responsabilité et de transparence dans les enquêtes. De plus, les menaces et les attaques contre les défenseurs des droits de l'homme sont préoccupantes et posent des défis à la liberté d'expression et d'association.

22. Russie : Ces dernières années, la Russie a vu une augmentation des restrictions à la liberté de la presse et d'expression. Les lois limitant l'activité des organisations non gouvernementales (ONG) étrangères ont rendu le travail des militants des droits de l'homme difficile. La situation des minorités sexuelles, y compris les personnes LGBTQ+, est devenue plus difficile en raison des lois anti-propagande homosexuelle et de la discrimination sociale.

23. Inde : L'Inde est un pays caractérisé par une extraordinaire diversité culturelle, mais elle fait face à des défis en matière de droits de l'homme, notamment la discrimination des castes et les tensions religieuses. La polarisation politique croissante a créé un climat où les voix critiques sont souvent réprimées ou menacées. Malgré cela, le pays a réalisé des progrès dans la promotion de l'éducation et de l'accès aux services de santé.

24. Chine : La Chine a attiré l'attention internationale pour sa gestion des droits de l'homme, en particulier pour la situation des minorités ethniques comme les Ouïghours dans la région du Xinjiang. Des allégations de détentions de masse, de travail forcé et d'autres violations des droits de l'homme ont été formulées. La censure en ligne est généralisée, et les restrictions à la liberté d'expression sont significatives. Cependant, la Chine est également l'un des principaux acteurs dans la lutte contre la pauvreté et a réalisé des progrès économiques importants.

25. Afrique du Sud : L'Afrique du Sud a été un exemple de transition pacifique d'un système de ségrégation raciale à une démocratie multiraciale. Cependant, le pays continue de faire face à des défis liés à l'inégalité économique et sociale, avec une répartition inégale des ressources et des opportunités. La question des terres et de la réforme agraire a été une source de tension, tandis que le gouvernement cherche à aborder les questions de justice sociale et de développement économique.

La situation des droits de l'homme est complexe dans chacun de ces pays BRICS et est influencée par une série de facteurs. Les défis et les progrès varient considérablement, et la perception des droits de l'homme peut varier en fonction des perspectives culturelles et politiques. La promotion et la protection des droits de l'homme restent une priorité à l'échelle mondiale, avec de nombreuses organisations et gouvernements cherchant à relever les défis et à travailler vers une plus grande justice et égalité dans leurs pays respectifs.

En conclusion, la situation des droits de l'homme dans les pays BRICS est complexe et diversifiée, chaque pays étant confronté à des défis et des opportunités uniques. Alors que ces pays émergents continuent de jouer un rôle de plus en plus important sur la scène mondiale, il est essentiel de surveiller de près la situation des droits de l'homme dans chacun d'entre eux et de traiter efficacement les questions critiques.

18. Avenir des BRICS • Perspectives et défis futurs pour les BRICS dans le nouveau monde.

Les BRICS, composés du Brésil, de la Russie, de l'Inde, de la Chine et de l'Afrique du Sud, ont émergé comme une force importante dans le contexte du nouveau monde. Cependant, ils sont confrontés à un certain nombre de perspectives et de défis dans leur avenir : Perspectives futures :

1. Puissance économique : Les BRICS continuent de croître économiquement et d'exercer une influence croissante dans les organisations internationales telles que le G20. La Chine, en particulier, est devenue une puissance économique dominante.

2. Coopération : Les BRICS ont le potentiel de renforcer leur coopération économique et politique, ce qui pourrait contribuer à une plus grande stabilité mondiale.

3. Réforme des institutions mondiales : Ces pays ont plaidé en faveur d'une réforme des institutions financières internationales telles que le Fonds monétaire international (FMI) pour mieux refléter le changement dans l'équilibre mondial du pouvoir.

4. Innovation et technologie : Certains membres des BRICS, tels que la Chine et l'Inde, sont en

tête du développement technologique et de
l'innovation, et peuvent contribuer à façonner
l'évolution technologique mondiale.

5. Intégration économique : Il existe des
   opportunités pour un plus grand développement
   de l'intégration économique entre ces pays,
   notamment à travers le commerce intra-BRICS et
   la collaboration dans des secteurs clés tels que
   l'énergie et les infrastructures.

Défis futurs :

1. **Divergences politiques :** Les BRICS
   rencontrent des divergences politiques et des
   objectifs nationaux qui peuvent rendre la
   coopération sur les questions mondiales difficile.
   Par exemple, la Chine et l'Inde ont eu des
   tensions territoriales et des rivalités
   géopolitiques.

2. **Développement durable :** Aborder les
   questions environnementales et promouvoir un
   développement durable est un défi majeur,
   surtout compte tenu de l'impact
   environnemental massif de certaines économies
   des BRICS.

3. **Droits de l'homme :** La situation des droits de
   l'homme dans certains pays des BRICS a suscité

des préoccupations internationales et pourrait entraver leur réputation mondiale.

4. **Instabilité économique :** Les économies des BRICS sont sujettes à l'instabilité économique, telle que les crises financières ou les fluctuations des prix des matières premières, qui pourraient compromettre leur croissance.

5. **Concurrence mondiale :** Les BRICS doivent naviguer dans un monde caractérisé par des rivalités géopolitiques croissantes, y compris la compétition entre les États-Unis et la Chine.

L'avenir des BRICS dépendra de leur capacité à relever ces défis et à capitaliser sur les opportunités émergentes. La coopération entre ces pays sur des questions mondiales, ainsi que le renforcement de l'intégration économique et de la collaboration dans des domaines clés, pourraient contribuer de manière significative à façonner le nouvel ordre mondial. Cependant, il sera essentiel de faire face aux divergences politiques et de travailler ensemble pour relever les défis mondiaux qui caractérisent le XXIe siècle.

Perspectives futures : 6. **Rôle dans les organisations internationales :** Les BRICS cherchent à jouer un rôle plus influent dans des organisations telles que le G20, le Fonds monétaire international et la Banque mondiale. Ils peuvent travailler ensemble pour réformer ces institutions afin de mieux refléter la réalité économique et politique actuelle.

7. **Investissements dans les infrastructures :** L'infrastructure est un élément clé du développement économique. Les BRICS peuvent collaborer pour promouvoir des projets d'infrastructures communs, améliorant ainsi la connectivité entre eux et contribuant à l'intégration régionale.

8. **Coopération scientifique et technologique :** La recherche et le développement technologique sont essentiels à l'innovation économique. Les BRICS peuvent collaborer dans la recherche scientifique, le développement de technologies avancées et la résolution de défis mondiaux tels que la santé publique et le changement climatique.

9. **Promotion du commerce et de l'investissement :** Les BRICS peuvent travailler à simplifier les procédures commerciales et à promouvoir les investissements mutuels, améliorant ainsi le flux de biens et de services et contribuant à la croissance économique.

Défis futurs : 6. Tensions géopolitiques : Les tensions géopolitiques entre certains des BRICS, comme la Chine et l'Inde, peuvent entraver la coopération. La résolution pacifique des conflits et le dialogue seront essentiels pour éviter des escalades dommageables.

7. **Cybersécurité et défense** : Avec l'importance croissante de la technologie et de la cybersécurité, les BRICS doivent relever les défis de la défense et de la sécurité cybernétiques, en protégeant les infrastructures critiques et les informations sensibles.

8. **Durabilité environnementale** : L'impact environnemental des économies des BRICS est significatif. Ils doivent travailler ensemble pour lutter contre le changement climatique, promouvoir les énergies propres et protéger des ressources essentielles telles que l'eau.

9. **Droits de l'homme et libertés** : La situation des droits de l'homme dans certains pays des BRICS reste une préoccupation. Pour gagner une réputation mondiale plus favorable, ils doivent aborder les questions des droits de l'homme de manière transparente et responsable.

10. **Vulnérabilité économique** : Les économies des BRICS peuvent être vulnérables aux chocs économiques mondiaux. Ils devraient prendre des mesures pour réduire leur dépendance aux matières premières et

promouvoir une diversification économique durable.

L'avenir des BRICS sera défini par leur capacité à relever ces défis de manière collaborative et à saisir les opportunités émergentes. Leur influence sur la scène internationale continue de croître, et leur capacité à coopérer sur des questions mondiales cruciales sera fondamentale pour façonner l'avenir du nouvel ordre mondial.

Perspectives Futures :

16. Diplomatie Économique : Les BRICS peuvent intensifier leurs efforts en matière de diplomatie économique en négociant des accords commerciaux bilatéraux et multilatéraux favorisant le commerce et les investissements. La diversification des relations commerciales contribuera à la résilience économique.

17. Énergies Renouvelables : L'adoption de sources d'énergie renouvelable est essentielle pour faire face au changement climatique. Les BRICS, avec leurs vastes ressources énergétiques, peuvent collaborer dans le développement et la diffusion des technologies énergétiques propres.

18. Connectivité Infrastructurelle : Améliorer la connectivité infrastructurelle entre les pays BRICS faciliterait le commerce, les échanges ainsi que la coopération économique. Des projets tels que l'Initiative Belt and Road (BRI) de la Chine offrent des opportunités de développement infrastructurel partagé.

19. Participation Active : Les BRICS peuvent jouer un rôle plus actif dans la résolution des crises régionales et mondiales en promouvant la diplomatie et en cherchant des solutions pacifiques aux conflits et aux tensions.

20. Collaboration Scientifique et Technologique : La recherche conjointe et le développement technologique sont essentiels pour l'innovation et la compétitivité mondiale. Les BRICS peuvent établir des programmes conjoints pour promouvoir la science et la technologie.

Défis Futures :

21. Rivalités Géopolitiques : Les tensions géopolitiques entre les BRICS, telles que les différends territoriaux entre la Chine et l'Inde, peuvent éroder la cohésion du groupe. La gestion de ces rivalités de manière pacifique sera essentielle pour l'avenir du bloc.

22. Environnement et Changement Climatique : Les économies des BRICS figurent parmi les plus grands émetteurs de gaz à effet de serre au monde. Faire face au changement climatique nécessite des engagements concrets en matière de réduction des émissions et l'adoption de sources d'énergie renouvelable.

23. Cybersécurité : Dans le contexte de l'ère numérique, la sécurité cybernétique est une préoccupation croissante. Les BRICS devront développer des politiques et des protocoles communs pour faire face aux menaces informatiques.

24. Droits de l'Homme : Améliorer la situation des droits de l'homme reste un défi critique pour certains des BRICS, avec des préoccupations concernant la liberté de la presse, l'indépendance du système judiciaire et la liberté d'expression.

25. Instabilité Économique Globale : Les BRICS devront faire face aux conséquences de l'instabilité économique mondiale, telles que les fluctuations des prix des matières premières et la volatilité des marchés financiers.

L'avenir des BRICS est un domaine de défis et d'opportunités. La manière dont ces pays relèveront ces défis et travailleront ensemble pour saisir les opportunités déterminera leur rôle dans la création d'un nouvel ordre mondial et le bien-être de leurs populations. La coopération entre les BRICS demeure cruciale pour aborder les questions mondiales complexes et contribuer à une plus grande stabilité et prospérité mondiales.

Perspectives Futures :

21. Collaboration Spatiale : Les BRICS peuvent étendre leur coopération dans l'exploration spatiale, y compris le partage de technologies satellitaires et l'envoi de missions spatiales conjointes à des fins scientifiques et d'observation de la Terre.

22. Renforcer les Liens Culturels : La promotion des échanges culturels entre les pays BRICS peut contribuer à une meilleure compréhension mutuelle et favoriser la tolérance. Cela peut être réalisé grâce à des programmes d'échange d'étudiants, des festivals culturels et des collaborations artistiques.

23. Promouvoir l'Innovation Sociale : Les BRICS peuvent collaborer pour relever les défis sociaux grâce à l'innovation sociale, en promouvant des projets qui améliorent l'accès aux services de santé, à l'éducation et au bien-être des communautés défavorisées.

24. Participation Féminine : L'autonomisation des femmes et la promotion de la participation des femmes en politique et dans l'économie peuvent être des objectifs partagés par les membres des BRICS, avec des politiques visant à lutter contre les inégalités entre les sexes.

Défis Futures :

25. Tensions Commerciales Mondiales : Les
BRICS ont été influencées par les tensions
commerciales mondiales, telles que celles entre les
États-Unis et la Chine. Ils doivent chercher des moyens
d'atténuer les impacts négatifs sur les économies et les
marchés.

26. Fragilité Économique : Certaines économies
BRICS sont vulnérables aux chocs économiques.
Améliorer la stabilité financière et réduire
l'endettement excessif est essentiel pour atténuer ces
risques.

27. Lutter contre le Protectionnisme : La montée
du protectionnisme dans de nombreuses parties du
monde représente un défi pour les BRICS, qui
dépendent du commerce international. Ils doivent
soutenir un système de commerce multilatéral basé sur
des règles.

28. Réforme des Institutions Internationales :
La réforme des institutions internationales reste un
défi, avec des obstacles politiques à surmonter pour
obtenir une représentation adéquate dans les forums
mondiaux.

29. Défis Technologiques : Les BRICS devront
relever des défis technologiques émergents tels que la
cybersécurité, la protection des données et la
gouvernance de l'intelligence artificielle.

L'avenir des BRICS est dynamique et incertain, mais ces nations ont démontré leur résilience et leur engagement à influencer le contexte mondial. En continuant à travailler ensemble sur les questions économiques, politiques et environnementales, les BRICS peuvent jouer un rôle significatif dans la définition de l'avenir de l'ordre mondial. La coopération multilatérale et le dialogue demeurent essentiels pour relever les défis communs et tirer parti des opportunités émergentes.

Défis Futures :

21. Collaboration Spatiale : Les BRICS peuvent étendre leur coopération dans l'exploration spatiale, y compris le partage de technologies satellitaires et l'envoi de missions spatiales conjointes à des fins scientifiques et d'observation de la Terre.

22. Renforcement des Liens Culturels : La promotion de l'échange culturel entre les pays BRICS peut contribuer à une meilleure compréhension mutuelle et favoriser la tolérance. Cela peut être réalisé à travers des programmes d'échange d'étudiants, des festivals culturels et des collaborations artistiques.

23. Promotion de l'Innovation Sociale : Les BRICS peuvent collaborer pour relever les défis sociaux grâce à l'innovation sociale, en promouvant des projets qui améliorent l'accès aux services de santé, à l'éducation et au bien-être des communautés défavorisées.

24. Participation Féminine : L'autonomisation des femmes et la promotion de la participation des femmes en politique et dans l'économie peuvent être des objectifs partagés par les membres des BRICS, avec des politiques visant à lutter contre les inégalités de genre.

Sfide Future :

25. Instabilité Politique : L'instabilité politique dans certains membres des BRICS peut entraver leur cohésion. Il est essentiel de maintenir un dialogue ouvert et de rechercher des solutions diplomatiques aux tensions politiques internes et externes.

26. Accès aux Ressources : Les BRICS partagent la compétition pour les ressources naturelles dans un monde en croissance. La gestion durable des ressources sera un défi crucial.

27. Respect des Droits de l'Homme : Les préoccupations concernant les droits de l'homme persistent dans certains pays BRICS. Aborder ces questions de manière transparente est essentiel pour la légitimité et la crédibilité du groupe.

28. Conflits Régionaux : Les BRICS sont impliqués dans différentes situations de conflit régional. La

gestion pacifique des conflits et le soutien à des solutions diplomatiques restent un défi.

29. Adaptation au Changement Global : Les BRICS devront s'adapter à un monde en constante évolution, où l'équilibre des pouvoirs peut changer rapidement. La flexibilité et la capacité d'adaptation seront cruciales.

L'avenir des BRICS est un parcours dynamique, et leur capacité à collaborer et à relever des défis complexes sera cruciale pour leur réussite. La diversité des membres des BRICS offre également une opportunité unique pour aborder une large gamme de questions mondiales. Leur influence continue de croître, et en tant que groupe, ils peuvent jouer un rôle significatif dans la définition du nouvel ordre mondial, en promouvant la stabilité, la prospérité et la coopération mondiale.

En conclusion, les BRICS (Brésil, Russie, Inde, Chine et Afrique du Sud) représentent une coalition de nations émergentes qui ont acquis une influence significative dans le paysage mondial. Dans le contexte du nouvel ordre mondial en évolution, les BRICS font face à une série de perspectives et de défis qui façonnent leur avenir. Les perspectives futures des BRICS comprennent la possibilité de :

1. Promouvoir la Coopération Multilatérale : Les BRICS peuvent jouer un rôle clé dans la

promotion de la coopération multilatérale et le renforcement des institutions mondiales pour relever des défis tels que le changement climatique, la cybersécurité et la santé publique.

2. Croissance Économique Durable : En s'engageant dans des politiques économiques prudentes et l'innovation, les BRICS peuvent maintenir une croissance économique solide et contribuer à la stabilité économique mondiale.

3. Innovation Technologique : La collaboration entre les membres des BRICS peut favoriser l'innovation technologique et promouvoir des secteurs à forte croissance tels que l'intelligence artificielle et la biotechnologie.

4. Diplomatie Active : Les BRICS peuvent continuer à jouer un rôle actif dans la diplomatie mondiale, en cherchant des solutions pacifiques aux conflits régionaux et mondiaux.

Cependant, il existe également des défis importants que les BRICS doivent relever, notamment :

1. Tensions Géopolitiques : Les tensions entre certains membres des BRICS, tels que la Chine et l'Inde, peuvent miner la cohésion du groupe et nécessitent une gestion diplomatique.

2. Changement Climatique : Les BRICS figurent parmi les plus grands émetteurs de gaz à effet de serre et doivent faire face à des pressions pour réduire les émissions et adopter des sources d'énergie propre.

3. Droits de l'Homme : Les préoccupations concernant les droits de l'homme dans certains pays BRICS nécessitent une attention particulière, avec la nécessité d'améliorer les conditions des droits de l'homme pour garantir la légitimité du groupe.

4. Instabilité Économique Globale : Les BRICS doivent être prêts à faire face à l'instabilité économique mondiale, y compris les fluctuations des prix des matières premières et les crises financières.

5. Défis Technologiques : La sécurité cybernétique et la gouvernance des technologies émergentes représentent des défis croissants nécessitant des actions coordonnées.

En fin de compte, l'avenir des BRICS est un terrain de possibilités et de défis. La manière dont ces pays relèvent ces défis et travaillent ensemble pour saisir les opportunités sera cruciale pour leur rôle dans la définition du nouvel ordre mondial. La coopération multilatérale et le dialogue demeurent essentiels pour aborder des questions mondiales complexes et contribuer à une plus grande stabilité et prospérité mondiale.

19. Études de Cas • Analyse approfondie de cas spécifiques liés aux BRICS.

Certainement, examinons quelques cas d'études spécifiques liés aux BRICS pour avoir une compréhension plus approfondie de la manière dont ces nations agissent et interagissent dans le contexte mondial :

Caso di Studio 1 : La Banque des BRICS (New Development Bank - NDB) La Banque des BRICS, basée à Shanghai, a été créée pour financer des projets de développement infrastructurel et durable dans les pays membres des BRICS et dans d'autres économies émergentes. C'est un exemple de coopération économique au sein des BRICS.

Objectifs : La NDB vise à promouvoir le développement durable en finançant des projets infrastructurels, environnementaux et sociaux dans les pays membres des BRICS et au-delà.

Réussites : La NDB a financé des projets importants tels que la construction de routes en Inde, des projets énergétiques en Chine et la gestion de l'eau en Afrique du Sud. Elle a également joué un rôle significatif pendant la pandémie de COVID-19 en fournissant des financements pour faire face à la crise sanitaire et économique.

Défis : La NDB doit relever des défis tels que la collecte de fonds, la gestion des ressources et la coordination entre les pays membres ayant des priorités de développement différentes.

Caso di Studio 2 : L'Initiative Ceinture et Route (ICR) de la Chine L'ICR est un programme ambitieux d'infrastructures et de développement économique promu par la Chine, impliquant de nombreux pays, dont certains membres des BRICS.

Objectifs : L'ICR vise à créer un réseau de liaisons commerciales et d'infrastructures reliant la Chine à l'Europe, à l'Afrique et à l'Asie. Ce projet est considéré comme une opportunité pour la Chine d'étendre son influence économique et politique.

Impact sur les BRICS : De nombreux pays des BRICS, dont la Russie et l'Inde, sont impliqués dans l'ICR. Cela a entraîné une augmentation du commerce et des investissements régionaux, mais a également soulevé des préoccupations quant à la souveraineté et à la dépendance économique.

Défis : L'ICR a fait l'objet de critiques concernant la transparence, la durabilité environnementale et la gouvernance. L'équilibre entre les avantages économiques et les questions de sécurité reste un défi en cours.

Caso di Studio 3 : La Coopération dans les Secteurs de l'Énergie et de l'Agriculture Les BRICS collaborent également dans des secteurs clés tels que l'énergie et l'agriculture.

Énergie : La coopération énergétique entre les BRICS comprend le partage de technologies et la création de plateformes de coopération. Par exemple, la Chine et la Russie ont conclu des accords énergétiques, tandis que le Brésil a collaboré avec l'Inde dans le développement des biocarburants.

Agriculture : Les BRICS travaillent ensemble pour relever les défis alimentaires mondiaux. Le Brésil, par exemple, est un important exportateur de produits agricoles, tandis que l'Inde dispose d'un secteur agricole en croissance. La coopération dans ce secteur peut contribuer à garantir la sécurité alimentaire mondiale.

Ces études de cas mettent en lumière la variété des secteurs dans lesquels les BRICS collaborent et les défis et opportunités qui en découlent. La coopération entre les BRICS est complexe et en évolution, mais reste un élément important du paysage géopolitique et économique mondial.

Caso di Studio 4 : La Coopération dans les Sciences et la Recherche Les BRICS collaborent également dans le domaine scientifique et technologique pour promouvoir l'innovation et le développement. Cette coopération contribue à l'avancement des connaissances et à l'accélération du développement technologique.

Échange Académique : Les BRICS encouragent l'échange d'étudiants, de chercheurs et d'académiciens entre leurs pays membres. Cela favorise la diversité culturelle et contribue à l'expansion des connaissances.

Recherche Conjoints : Les pays BRICS collaborent sur des projets de recherche communs sur des questions scientifiques et technologiques d'intérêt commun. Cela peut aller de l'énergie renouvelable à la médecine, de l'intelligence artificielle à l'astronomie.

Investissements en Recherche et Développement : Certains pays BRICS investissent dans des infrastructures de recherche et développement, favorisant l'innovation technologique et la compétitivité mondiale.

Caso di Studio 5 : La Coopération Militaire Les BRICS entretiennent des relations militaires et réalisent des exercices conjoints. Bien que la coopération militaire ne soit pas un objectif principal des BRICS, elle représente un aspect de leur collaboration.

Exercices Conjoints : Les BRICS ont mené des exercices militaires conjoints, tels que les exercices antiterroristes "Peace Mission" et les exercices navals. Ces exercices favorisent la coopération entre les forces armées des pays membres.

Partage de Techniques Militaires : Les pays BRICS peuvent partager des expériences et des techniques militaires pour améliorer leur capacité de défense et participer aux opérations de maintien de la paix des Nations Unies.

Défis de Sécurité Communs : Les BRICS peuvent collaborer pour relever les défis de sécurité communs, tels que le terrorisme international et la piraterie maritime.

Caso di Studio 6 : La Diplomatie Monétaire Les BRICS ont également exploré des opportunités de collaboration dans le secteur financier et monétaire.

Résolution des Conflits Monétaires : Pendant la crise financière mondiale de 2008, les BRICS ont cherché à coordonner leurs politiques monétaires pour atténuer les effets de la crise sur leurs pays.

Banque des BRICS : Comme mentionné précédemment, la création de la Banque des BRICS vise à fournir un financement pour des projets d'infrastructure dans les pays membres. Il s'agit d'un effort significatif de coopération financière.

Réforme du FMI : Les BRICS ont soutenu la réforme des institutions financières internationales, telles que le Fonds monétaire international, afin de mieux refléter la réalité économique et politique actuelle.

Ces études de cas illustrent la diversité des domaines dans lesquels les BRICS cherchent à collaborer, de la science et de la technologie au militaire et au financier. Leur coopération est motivée par la recherche de solutions communes aux défis mondiaux et par l'objectif de promouvoir la stabilité et la croissance économique dans leurs pays membres et au-delà.

Caso di Studio 7 : Coopération dans le Domaine des Énergies Renouvelables Les BRICS reconnaissent l'importance des énergies renouvelables dans la transition vers un avenir plus durable. Certains membres des BRICS figurent parmi les principaux producteurs et consommateurs d'énergie dans le monde, et la coopération dans ce domaine peut avoir un impact significatif :

Énergie Solaire : L'Inde et la Chine, en particulier, investissent massivement dans les technologies solaires. La collaboration entre ces pays peut contribuer au développement et à la diffusion de solutions solaires abordables et efficaces.

Énergie Éolienne : Certains pays BRICS, tels que le Brésil et l'Afrique du Sud, ont exploité les ressources éoliennes pour la production d'énergie. Le partage des meilleures pratiques et des technologies peut stimuler davantage l'adoption de l'énergie éolienne.

Technologies Vertes : La recherche et le développement conjoints de technologies vertes, telles que des batteries haute capacité ou des systèmes de stockage d'énergie, peuvent contribuer à atténuer le changement climatique et à promouvoir l'indépendance énergétique.

Caso di Studio 8 : Coopération Culturelle et Académique Les BRICS se caractérisent par des cultures et des traditions diverses. La coopération culturelle et académique est essentielle pour promouvoir la compréhension mutuelle et le dialogue interculturel :

Échanges Culturels : Les BRICS organisent des festivals culturels, des expositions d'art et des événements gastronomiques pour partager leur diversité culturelle. Ces événements contribuent à sensibiliser et à promouvoir l'intérêt mutuel.

Collaboration Académique : Les universités des pays BRICS favorisent les échanges académiques et les collaborations de recherche. Cela favorise le développement de nouvelles connaissances et technologies.

Promotion de la Langue : La promotion des langues des pays BRICS, telles que le portugais, le russe et l'hindi, peut faciliter la communication et le commerce entre les membres.

Caso di Studio 9 : Coopération dans l'Espace

L'exploration spatiale est un domaine dans lequel certains membres des BRICS ont démontré leur expertise. La coopération spatiale peut entraîner des avantages partagés :

Satellites partagés : L'Inde a lancé des satellites pour d'autres pays des BRICS, démontrant sa capacité technologique dans l'espace. Cette collaboration peut améliorer la couverture satellitaire et la connectivité dans les régions concernées.

Recherche Spatiale : La coopération dans la recherche spatiale peut inclure des missions d'exploration de la Lune ou de Mars conjointes et le partage de données scientifiques.

Applications Terrestres : Les technologies développées pour l'exploration spatiale peuvent avoir des applications terrestres, telles que la prévision météorologique, la gestion des ressources naturelles et la communication.

Ces études de cas illustrent encore davantage comment les BRICS cherchent à collaborer dans divers domaines pour promouvoir une croissance économique durable, l'innovation technologique et la coopération internationale. La diversité des compétences et des ressources parmi les membres des BRICS offre de nombreuses opportunités de développement partagé et de réalisation d'objectifs communs.

En conclusion, les cas d'étude mentionnés ci-dessus mettent en évidence la vaste gamme de domaines dans lesquels les BRICS cherchent à coopérer pour promouvoir la stabilité, le développement et la durabilité mondiaux. Les BRICS ont fait preuve d'un engagement significatif à travailler ensemble pour relever les défis mondiaux, promouvoir la croissance économique et l'innovation technologique, et améliorer la compréhension interculturelle. Ces efforts de coopération reflètent l'aspiration des BRICS à jouer un rôle plus influent dans le nouveau monde.

Cependant, il est important de noter que les BRICS sont également confrontés à des défis internes et externes qui peuvent influencer leur capacité à coopérer efficacement. Ces défis peuvent inclure des divergences politiques, économiques et sociales entre les membres, ainsi que la nécessité de concilier leurs priorités nationales avec celles du groupe.

L'avenir des BRICS dépendra largement de leur capacité à relever ces défis et à tirer parti des opportunités de coopération. S'ils parviennent à maintenir une collaboration constructive, ils pourront jouer un rôle de plus en plus significatif dans la définition du nouvel ordre mondial, influençant des questions allant de la politique économique mondiale à la durabilité environnementale.

En résumé, les BRICS représentent une coalition diversifiée de pays dotés d'un potentiel considérable. Leur capacité à travailler ensemble dans des domaines clés déterminera largement leur impact sur l'avenir de l'ordre mondial. 20. Conclusione • Riflessioni finali sul ruolo delle BRICS nel nuovo ordine mondiale e possibili scenari futuri.

Dans la conclusion, nous examinons le rôle des BRICS dans le nouvel ordre mondial et quelques perspectives futures possibles :

Les BRICS, composées du Brésil, de la Russie, de l'Inde, de la Chine et de l'Afrique du Sud, représentent un groupe de nations émergentes avec un potentiel économique et politique considérable. Leur coopération vise à défier l'hégémonie occidentale et à contribuer à façonner un nouvel ordre mondial plus équitable et multipolaire.

Le rôle des BRICS dans l'économie mondiale est notable. La Chine est devenue la deuxième économie mondiale, et l'Inde est en croissance constante. Ces pays contribuent de manière significative à la croissance économique mondiale et promeuvent des accords commerciaux régionaux et des initiatives de développement infrastructurelles qui peuvent avoir un impact à long terme.

Les BRICS cherchent également à influencer les institutions financières internationales, telles que le Fonds monétaire international (FMI) et la Banque mondiale, pour mieux refléter la réalité économique actuelle et réduire leur dépendance à l'égard des institutions occidentales.

Sur le plan politique, les BRICS font face à des défis et des opportunités. Il existe des divergences entre les membres sur des questions politiques et stratégiques, mais aussi une volonté commune de promouvoir la stabilité et la paix mondiales.

Cependant, l'avenir des BRICS n'est pas exempt d'obstacles. Les tensions entre les membres, les différences culturelles et les défis internes peuvent limiter leur capacité à coopérer efficacement. De plus, le contexte géopolitique en évolution, avec des rivalités croissantes entre les puissances mondiales, peut mettre à l'épreuve la cohésion des BRICS.

Les scénarios futurs possibles comprennent :

1. Renforcement de la coopération : Les BRICS
    pourraient renforcer leur coopération
    économique, politique et stratégique, élargissant
    ainsi leur impact dans le nouvel ordre mondial et
    contribuant à promouvoir la stabilité mondiale.

2. Défis internes : Les tensions entre les membres
    pourraient s'accentuer, ce qui entraînerait une
    cohésion moindre au sein du groupe. Cela
    pourrait affaiblir leur capacité à influencer le
    nouvel ordre mondial.

3. Approfondissement des relations bilatérales :
    Certains membres des BRICS pourraient se
    concentrer davantage sur le développement de
    leurs relations bilatérales avec des puissances
    mondiales telles que les États-Unis ou l'Union
    européenne, réduisant ainsi l'attention portée à
    la coopération au sein du groupe.

En conclusion, les BRICS ont le potentiel de jouer un
rôle significatif dans le nouvel ordre mondial, mais des
défis internes et externes peuvent influencer leur
trajectoire future. Leur capacité à naviguer à travers
ces défis et à saisir les opportunités déterminera en
grande partie leur impact sur les changements
mondiaux dans les décennies à venir.

.

Poursuite des Perspectives Futures : 4.
Intégration Économique : Les BRICS pourraient chercher à approfondir l'intégration économique entre eux en promouvant les échanges commerciaux et les investissements mutuels. L'élimination des barrières commerciales et la normalisation des normes commerciales pourraient faciliter une coopération économique accrue.

5. **Développement Technologique :** La Chine, en particulier, fait des progrès significatifs dans la technologie, de l'intelligence artificielle à la technologie 5G. Les BRICS pourraient chercher à coopérer dans la recherche et le développement technologique pour rivaliser à l'échelle mondiale dans ces domaines clés.

6. **Réforme des Institutions Mondiales :** Les BRICS continuent de soutenir une réforme des institutions financières internationales telles que le FMI et la Banque Mondiale. Ils pourraient intensifier leurs efforts pour obtenir une représentation et une influence accrues au sein de ces institutions.

7. **Défense des Normes Internationales :** Les BRICS pourraient s'engager à défendre les normes internationales et le multilatéralisme à un moment où de tels principes sont mis à

l'épreuve par des tendances croissantes vers l'unilatéralisme et le nationalisme.

8. **Durabilité Environnementale :** Avec l'augmentation des préoccupations environnementales, les BRICS pourraient coopérer plus étroitement dans la recherche et le développement de technologies durables et dans la lutte contre le changement climatique.

9. **Gestion des Crises Mondiales :** Les BRICS pourraient développer des capacités de gestion des crises mondiales, telles que la réponse aux pandémies ou aux catastrophes naturelles, démontrant ainsi leur solidarité et leur capacité d'intervention.

10. **Promotion de la Paix et de la Sécurité** : Les BRICS pourraient chercher à promouvoir la paix et la sécurité mondiales par le dialogue, la diplomatie préventive et la coopération dans les opérations de maintien de la paix des Nations Unies. Les BRICS, malgré les défis et les différences internes, ont manifesté une volonté de coopérer sur un certain nombre de questions mondiales. Leur engagement à créer un nouvel ordre mondial basé sur des principes d'équité, de coopération et de développement durable continue d'influencer la politique mondiale. L'évolution des BRICS sera surveillée de près car

leur rôle dans le nouveau monde est destiné à prendre de l'importance. La manière dont ils s'adapteront aux défis en rapide évolution et approfondiront leur coopération dans des domaines clés sont des questions cruciales qui façonneront leur impact futur sur la scène internationale.

Approfondissement des Dynamiques des BRICS : 11. Collaboration Sectorielle : Les BRICS pourraient chercher à collaborer dans des secteurs spécifiques tels que l'énergie, l'agriculture, l'éducation et la santé. Cette coopération sectorielle pourrait conduire à des développements concrets et à des avantages tangibles pour les citoyens des pays membres.

12. **Diplomatie à Plusieurs Niveaux :** Les BRICS pourraient exploiter des approches de diplomatie à plusieurs niveaux, impliquant non seulement les gouvernements mais aussi la société civile, les entreprises et les institutions académiques pour promouvoir une compréhension et une coopération plus larges entre les pays membres.

13. **Investissements dans les Infrastructures :** Un engagement accru dans le financement et la réalisation de projets d'infrastructures à grande échelle à l'intérieur et entre les pays BRICS pourrait entraîner une amélioration des réseaux

de transport, des télécommunications et de l'accès à l'énergie.

14. **Échanges Culturels :** La promotion des échanges culturels entre les pays BRICS pourrait contribuer à une meilleure compréhension mutuelle et à une ouverture culturelle. Cela pourrait inclure des festivals culturels, des programmes d'échange d'étudiants et la promotion des langues et des traditions des pays membres.

15. **Promotion de la Langue :** Les BRICS pourraient envisager l'adoption d'une langue commune ou la promotion de l'utilisation des langues des pays membres dans les relations commerciales et diplomatiques pour améliorer la communication et la coopération.

16. **Participation aux Organisations Régionales :** Les BRICS pourraient chercher à renforcer leur présence et leur influence dans les organisations régionales telles que l'Union africaine ou l'Organisation des États américains pour élargir leur portée et renforcer leurs relations avec d'autres régions.

17. **Équilibrer les Intérêts Nationaux et Collectifs :** Les BRICS sont confrontés au défi d'équilibrer leurs intérêts nationaux avec ceux du groupe. Trouver un équilibre entre la

souveraineté nationale et la coopération
multilatérale

Approfondissement des Dynamiques BRICS :
21. **Collaboration dans l'Innovation :** Les BRICS
pourraient intensifier leur collaboration dans le
domaine de l'innovation et de la recherche scientifique.
Cela pourrait inclure l'échange de connaissances et de
technologies avancées dans des secteurs tels que la
médecine, la technologie des énergies renouvelables et
l'intelligence artificielle.

22. **Coopération sur les Marchés
Financiers :** Les BRICS pourraient chercher à
développer davantage leurs marchés financiers
internes et à promouvoir la coopération dans les
secteurs bancaire et financier. Cela pourrait
inclure l'ouverture de succursales d'institutions
financières des pays BRICS sur leurs marchés
respectifs.

23. **Participation Active dans les
Organisations Régionales :** Les BRICS
pourraient augmenter leur participation et leur
influence dans les organisations régionales telles
que l'ASEAN ou le Mercosur, afin de promouvoir
une coopération économique et politique accrue
dans leurs régions respectives.

24. **Promotion des Droits de l'Homme :** Les BRICS pourraient s'engager à améliorer la situation des droits de l'homme dans leurs pays respectifs et à promouvoir des normes mondiales plus élevées dans ce domaine, démontrant ainsi leur leadership dans le respect des droits de l'homme.

25. **Diplomatie de la Santé :** Compte tenu de leur expérience avec des épidémies telles que celle d'Ebola et la pandémie de COVID-19, les BRICS pourraient développer une diplomatie de la santé plus efficace pour relever les défis sanitaires mondiaux et renforcer les systèmes de santé dans leurs pays membres.

26. **Coopération dans le Contrôle des Armes :** Les BRICS pourraient chercher à promouvoir le désarmement nucléaire et une plus grande transparence dans la prolifération des armes, contribuant ainsi à la stabilité internationale.

27. **Croissance des Économies Vertes :** L'adoption de stratégies de croissance économique verte pourrait être au cœur des politiques économiques des BRICS pour relever les défis environnementaux et promouvoir un développement durable.

28.	**Intégration Culturelle :** La promotion de l'intégration culturelle pourrait impliquer la création de centres culturels et d'échanges artistiques entre les pays membres, contribuant à une meilleure compréhension mutuelle des cultures.

29.	**Approfondissement des Relations avec l'Afrique :** Les BRICS pourraient intensifier leur coopération avec les pays africains, renforçant les relations politiques, économiques et culturelles et contribuant au progrès de l'Afrique.

30.	**Collaboration dans l'Intelligence Artificielle et la Cybersécurité :** Face aux défis croissants dans le domaine de la sécurité informatique, les BRICS pourraient coopérer pour faire face aux menaces cybernétiques et promouvoir l'utilisation responsable de l'intelligence artificielle. Les BRICS, grâce à leur coopération et à leur engagement, peuvent avoir un impact significatif sur la scène mondiale. Leur engagement à relever des défis communs et à promouvoir la coopération multilatérale restera crucial pour déterminer leur rôle dans le nouveau ordre mondial. En conclusion, les BRICS (Brésil, Russie, Inde, Chine et Afrique du Sud) représentent un groupe de nations émergentes jouant un rôle de plus en plus important dans le contexte du nouveau ordre mondial. Les dynamiques au sein des BRICS et leur impact sur la scène mondiale sont influencés par une série de facteurs complexes. Ces cinq nations ont une diversité d'intérêts, de cultures, d'économies et de systèmes politiques, ce qui rend leur coopération et la réalisation d'objectifs communs un processus dynamique et stimulant. Cependant, les BRICS ont montré leur capacité à travailler ensemble sur des questions d'intérêt commun, telles que la réforme des institutions financières internationales et la promotion du développement durable. Les BRICS ont un impact significatif sur la politique économique mondiale. Ils ont contribué à changer l'équilibre du pouvoir économique en faveur des économies émergentes et deviennent de plus en plus influents dans les négociations commerciales internationales. L'ouverture de leurs marchés et la promotion des investissements réciproques ont favorisé le commerce et la croissance économique. Sur le plan politique, les BRICS ont cherché à jouer un rôle constructif dans la résolution des conflits mondiaux et dans la promotion d'un ordre mondial plus équitable. Cependant, ils doivent relever des défis tels que les divergences dans leurs politiques étrangères et les questions liées aux droits de l'homme.

Dans le domaine de l'innovation et de la technologie, les BRICS deviennent des hubs importants pour la recherche et le développement. Leur collaboration dans des secteurs de haute technologie tels que l'intelligence artificielle et les énergies renouvelables est essentielle pour le progrès mondial.

Les BRICS jouent également un rôle crucial dans la promotion du développement durable et la lutte contre le changement climatique. Les politiques durables adoptées par les membres du groupe peuvent servir d'exemple à d'autres nations.

En résumé, l'avenir des BRICS sera déterminé par leur capacité à équilibrer les intérêts nationaux et collectifs, à relever les défis émergents tels que la technologie et l'environnement, et à jouer un rôle constructif dans le contexte du nouveau ordre mondial. La coopération au sein des BRICS continuera d'être cruciale pour relever les défis mondiaux et promouvoir un monde multipolaire et inclusif.

Dans cet ouvrage, nous avons exploré en détail le rôle des BRICS dans le contexte du nouveau ordre mondial. Les BRICS, composés du Brésil, de la Russie, de l'Inde, de la Chine et de l'Afrique du Sud, représentent un groupe de nations émergentes qui jouent un rôle de plus en plus important sur la scène mondiale. Nous

avons analysé plusieurs aspects clés de ce sujet, notamment :

1. **Introduction aux BRICS :** Nous avons commencé par une présentation des BRICS, les définissant et décrivant leur histoire et leur évolution.

2. **Économie des BRICS :** Nous avons examiné en détail les économies de chaque membre et leur impact global, mettant en évidence les défis et les opportunités.

3. **Politique des BRICS :** Nous avons examiné les politiques intérieures et extérieures des pays BRICS, y compris les dynamiques de leurs relations bilatérales.

4. **Relations Internationales :** Nous avons analysé les relations des BRICS avec d'autres acteurs mondiaux tels que les États-Unis, l'Union européenne et d'autres groupes régionaux.

5. **Nouvel Ordre Mondial :** Nous avons défini le concept de nouveau ordre mondial et comment les BRICS contribuent à le façonner.

6. **Impact des BRICS sur le Nouvel Ordre Mondial :** Nous avons examiné comment les BRICS influencent l'équilibre du pouvoir

mondial, la politique économique et les dynamiques géopolitiques.

7. **Technologie et Innovation :** Nous avons analysé le rôle des BRICS dans le développement technologique et l'innovation, en explorant les défis et les opportunités.

8. **Développement Durable :** Nous avons examiné les politiques et les pratiques de développement durable adoptées par les BRICS et leur impact sur l'environnement.

9. **Inégalités et Disparités :** Nous avons examiné les inégalités au sein des BRICS et entre les pays membres, ainsi que les défis connexes.

10. **Conflits et Coopération :** Nous avons analysé les conflits et les domaines de coopération entre les membres des BRICS.

11. **Changement Climatique :** Nous avons examiné le rôle et la responsabilité des BRICS dans le contexte du changement climatique.

12. **Stratégies de Défense et de Sécurité :** Nous avons examiné les politiques de défense et de sécurité des BRICS dans le nouveau ordre mondial.

13. **Culture et Société :** Nous avons exploré l'impact des cultures et des sociétés des BRICS sur le monde.

14. **Institutions Financières :** Nous avons examiné le rôle des institutions financières des BRICS, telles que la Banque des BRICS.

15. **Commerce International :** Nous avons analysé le rôle des BRICS dans le commerce international et ses implications économiques.

16. **Globalisation vs Nationalisme :** Nous avons discuté de la manière dont les BRICS équilibrent la mondialisation et le nationalisme.

17. **Droits de l'Homme :** Nous avons examiné la situation des droits de l'homme dans les pays BRICS.

18. **Avenir des BRICS :** Nous avons examiné les perspectives et les défis futurs pour les BRICS dans le nouveau ordre mondial.

19. **Études de Cas :** Nous avons mené une analyse détaillée de cas spécifiques liés aux BRICS.

20. **Conclusion :** Enfin, nous avons réfléchi sur le rôle des BRICS dans le nouveau ordre mondial et sur les scénarios futurs possibles.

Pour plus d'approfondissements et de ressources, vous pouvez consulter les sites web d'organisations internationales telles que l'UNESCO, le Fonds monétaire international (FMI), l'Organisation mondiale du commerce (OMC) et le site web officiel des BRICS. De plus, les livres, les articles académiques et les rapports de recherche peuvent être des sources utiles pour approfondir davantage ce sujet. Ce livre offre une vue d'ensemble complète des BRICS et de leurs dynamiques, tout en encourageant les lecteurs à continuer d'explorer ce sujet fascinant grâce à des ressources supplémentaires.